枫吟唐韵——芸香诗社诗词选集

Taditional Chinese Poetry from Yunxiang Club

枫吟唐韵

芸香诗社诗词选集

Traditional Chinese Poetry
from
Yunxiang Club

Acer Books

枫吟唐韵——芸香诗社诗词选集（红枫丛书之六）
作者：陈鹃，关伟，贺新芝，罗红雨，罗晓军，宋兰，陶志健，
　　　王瑞文，吴晔，杨延颖，朱九如，郑林芳
编辑：马新云
封面摄影：陶志健
出版：Acer Books

书号：978-1-7381938-5-1

红枫丛书
策划：黎杨
设计：陶志健

Taditional Chinese Poetry from Yunxiang Club
Editor: Ma Xinyun
Cover Photo: Tao Zhijian
Publisher: Acer Books

ISBN：978-1-7381938-5-1

Copyright © 2024 Acer Books

All rights reserved. No part of this book, except contents in the public domain, may be reproduced or used in any manner without the prior written permission of the copyright owner, except for the use of brief quotations in critical articles and book reviews.
E-mail: acerbookscanada@gmail.com

目　录

目　录 1
枫叶如霞诗梦乡 1
芸香诗社，八载有记 5
陈鹃诗词选集 1
关伟诗词选集 15
贺新芝诗词选集 19
罗红雨诗词选集 27
罗晓军诗词选集 33
宋兰诗词选集 55
陶志健诗词选集 58
王瑞文诗词选集 66
吴晔诗词选集 86
杨延颖诗词选集 132
朱九如诗词选集 140
郑林芳诗词选集 167
完美的一天 198

枫叶如霞诗梦乡
——序《枫吟唐韵》
江少川

2020年秋，我拟写一篇关于海外华人古体诗词创作的文章，特向郑南川先生求助，帮我推荐加拿大华人诗歌社团与诗词作品。他大力支持，随即推荐了好几位诗人的诗作，还特别请新云女士推介蒙特利尔"芸香诗社"及其诗友的诗作。由此我初步了解到这个诗社的简况，读到部分诗人的诗词。2021年夏，新云女士寄来她出版的诗词集《恋曲七十弦》，读后一阵惊喜，为她在诗词麦田勤奋耕耘所下的功夫而感动。2023年春，我向新云女士建议，芸香诗社的诗友可考虑出一本诗词合集。2024年伊始，她告我：有三位诗人的个人诗集已经付梓，十二位诗人的诗词合集也已完成，并约请我写序，得知此讯非常兴奋，欣然应诺。

在当今全球化时代，人曰：有海水的地方就有华人，我添加一句，有华人的地方就有中华古体诗词。远在加拿大蒙特利尔的芸香诗社，不就是北美海水边的一个"睢园"或"兰亭"吗？"芸香"诗社，社名"芸香"者，芸草之芳香也，既是高洁人格和品行的象征，亦是中华古体诗词海外远播之喻也。诗人们因诗心而结缘，因诗缘而结诗社，"芸香诗社"是一个民间诗歌团体，也是一个诗歌沙龙，结社八年，有宗旨、社规，专攻中华古体诗词写作。该社以女子诗人为主体，并吸收男诗友加盟。结社至今，经常举办各种诗词创作活动，聚餐赏荷观枫咏秋，命题唱和，且"每每诗词唱和成集"。尤其令人惊异的是，还别出心裁地举行过英译汉格律诗词抢答比赛，这在国内似乎还都没有见到过。8年中，诗社举办过三届"芸香"诗社诗词大赛。疫情期间还多次举办线上诗会，吟咏唱和新作。"芸香"诗社丰富多姿、新意迭出的诗词活动，令人浮想联翩，古代竹林七贤、兰亭文人墨客、还有《红楼梦》大观园海棠诗社的金陵姊妹们是否会想到：千百年之后的海外北美洲之蒙城竟然会有家诗社的炎黄子孙向诗家先贤挥动枫枝招手？

诗集《枫吟唐韵》的书名，既富中国古典诗词情韵、又具加拿大国之风情。枫者，加国之国树也，唐韵者，中华诗词天籁之音的极致也。此诗集名，把海外游子在地写作的"枫吟"与代表古典诗歌最高成就的唐诗浓缩在"枫吟唐韵"的四个字之内，中西交融、诗意盎然，意味无穷。

诗集所选十二位诗人的古体诗词，品类多样，内涵丰富：或怀乡思亲、咏海外人生，或关怀现实时事、歌咏大自然，或唱和友人、题画配景，形式上从古体诗的四言五言七言诗到近体的五七言绝句、律诗，还有长中短调的词作。各种诗词形式齐备，古风味浓郁，注重平仄押韵，讲究对仗工整，追求意境悠远，可谓古瓶装美酒，旧体出新意，读来别有滋味。可以看出他们深厚的古典文学修养。诗词集中，粗略统计，选有百首以上诗词的作者竟占诗人中的中三分之一，创作勤奋，成果客观。在我写的《海水浪浪：中华古体诗词之花绽放海外》一文中，评点了唐伟滨、陆蔚青、马新云三位诗人的诗词，皆为芸香诗社诗词精品之作。这次得知三位诗人皆有个人诗词集问世，甚感欣慰。

诗集《枫吟唐韵》是诗社十二位诗人之结晶。看得出来，诗人中习古体诗词之时间长短不等，写作经验、技艺风格也各有差异，但表达出一个共同心愿：即对中华古体诗词之敬畏与挚爱，对中华诗词之美的追寻。这是海外华人的一种文学情怀，一种文化品格，更是诗人精神之皈依，"诗最重要的任务是塑造精神生活"（特朗斯特罗姆语），追寻中华文化之根，传承中华人文精神的血脉。

古体诗词是中国化的格律诗，被誉为中国之国粹，乃中华文化之瑰宝。正如十四行诗之于英国，俳句诗之于日本一样，高雅之极。中国传统诗词所具之生命意识，中和之美，人文精神，审美情韵等，自成体系，这在世界上无与伦比。在异域他乡的非母语国度，海外华人用方块字写作，坚守华语诗歌的园地，用古体诗抒发现代人的情感，"不为稻粱谋"，不求功名利禄，实在不容易。西方的同事、朋友，不知道他们是诗人，甚至连自己的孩子也看不懂这类古体诗词，然而他们乐此不疲，执着自信，初心不改。对海外痴迷诗词写作的诗友，我素来怀有崇敬、钦佩之情。

在当今地球村华人文学的视域中，衷心期望《芸香诗社》的诗人，坚守中华诗词这块麦田，在诗歌园地上继续深耕，视野更加开阔、格局更为大气，艺术上精湛出新。从思想内容到艺术形式上，有所创新与突破，"满眼生机转化钧，天工人巧日争新"(清赵翼)，创作出新时代的古体诗词。

宋代王禹偁称赞杜甫说"子美集开新世界",我热切期望蒙特利尔的诗人开辟出诗歌新天地,"一语天然万古新"(元好问),"凌云健笔意纵横"(杜甫)。

2024年3月28日于武汉桂子山华中师范大学

作者简介

江少川,华中师范大学文学院教授,武昌首义学院中文系特聘教授,硕士生导师。中国世界华文文学学会荣誉副监事长。研究方向:写作学、台港澳文学与海外华文文学。著作有《现代写作精要》、《解读八面人生——评高阳历史小说》、《台港澳文学论稿》,《海山苍苍——海外华裔作家访谈录》,《海外湖北作家小说研究》、《华文文学在场——江少川选集》,主编有《台港澳暨海外华文文学教程》、《写作》、《高等语文》等著作教材十多部。曾获海内外文学奖项。

芸香诗社，八载有记

马新云

时维丙申年秋（2016年秋），蒙城天晴气爽，是处枫烈菊黄；老街人流如梭，港湾河水荡波。仰白玉石狮尊威，过钟灵毓秀华彩，应贵人相约，吴晔、蔚青、新云三位佳丽，於某酒楼幸得一聚。

同为爱诗词之人，借诗词早有神交。以茶代酒，换盏推杯，便有了结组之雅意。蔚青拟群名为："女子别动队"，别动队专攻格律诗词是也。于是乎，微信群由三人组成。

以诗词的魅力广而告之，以友谊的纽带相传相聚。秉格律之雅趣，借金猴之神威，果然一六大顺，"女子别动队"日趋壮大。於丙申年岁末汇集而成《漱雪集》（一）"岁末雅贺"；《漱雪集》（二）元旦开笔；《漱雪集》（三）除夕、新春、元夜，咏集。

时至农历丁酉年初（2017年初），已聚得十位吟咏佳人。心如澄湖，字如珠玑，诗意绵绵，佳作连连，如此诗词雅兴，如此温婉姐妹，不结社为盟，更待何时！2017年3月1日宣告为结社之日。

拜微信之便利，公开探讨结社诸事宜，遂定：

宗旨：承风骚之雅韵，续前人之高歌，行切磋相助之姿态，度潇洒温馨之春秋。

社规：以格律诗词之韵律为准绳，拟自由参与之独立为规范，谦谦自耕，教学所长。

结社成员：马新云、陆蔚青、方林达、吴晔、荣丽玮、王薇、金晶、贺新芝、朱九如、李若竹（后有杨延颖、郑林芳、罗晓军、宋兰、陈鹃、罗红雨、刘爱丽等女诗人的陆续加入。）

特约男嘉宾：唐伟滨、彭钧铮、陶志健、王瑞文、莫海波，等。

诗社名称：【芸香诗社】；微信群名称：【芸香雅舍】；月集名称：《芸香雅集》。

（"芸香"，一种名叫芸草的植物，古人藏书辟蠹用芸。芸，香草也。故藏书台亦称芸台。"香草"意象，作为一种独立的象征物，比喻品德和人格的高洁。）

诗词创作：每人负责一月，引领一个专题，可唱可和，可诗可词，月底组章成集。循环复始。诗词传达心声，欢迎随意发挥。

月集组成：发表于诗词好友的微信平台【秋爽斋】，每月一集或数集。

至此，2024年2月，计"女子别动队"起，组群已八年有余；计【芸香诗社】成立起，结社也近八年。八载诗情画意，佰仟作品唱酬，事关领题，事关月集，均一一实现。诸位诗人诗词歌赋的雅兴更隆，风花雪月阴晴圆缺的作品不衰。芸香作品见诸于多家平台，也见诸于国内外多家纸质媒体。

蒙特利尔山俏水阔，花艳草绿，红枫烂漫，白雪晶莹。【芸香诗社】时而乘郊游雅兴，时而聚小鲜品美，时而遥琴棋书画之友人，诗歌雅聚，论艺品茗，每每诗词唱和成集。

此次【芸香诗社】八年之际，我们参与黎扬女士策划，陶志健博士主编的丛书系列出版，实乃幸事。先有陆蔚青，唐伟滨，马新云，三位个人诗词集已经付梓上架，现有陈鹃，关伟，贺新芝，罗红雨，罗晓军，宋兰，陶志健，王瑞文，吴晔，杨延颖，朱九如，郑林芳，十二位作者参与此次《枫吟唐韵》芸香诗社诗词选集。

谨以此文向所有热爱诗词、关心诗词创作的朋友致谢！感谢黎扬女士的策划！感谢本书编辑陶志健博士！感谢华中师范大学文学院教授、华中科技大学武昌分校中文系主任江少川先生执笔为本诗词集做序，荣幸之至。

正是：
枫乡阔地，盟结汉魂。诗词唱咏，歌赋缤纷。
谦谦自勉，历历耕耘。雕琢不倦，教诲互存。
征鸿足迹，青衿气氛。春秋漫卉，南北隽文。
芸台雅舍，风雅佳人。心融香草，集律情真。

陈鹃诗词选集

陈鹃，格律诗词曾发表在《华侨新报》《七天报》，2019年《当代诗歌地理》上、下，2020年《当代诗歌地理》上、下，《魁北克诗词研究会》网站等报纸网络上。集成《陈鹃诗词集》。诗观：诗歌是表达自己内心的一种美好方式。

陈娟

学诗有吟

何幸晚学，恭临芸舍。五月有余，诗音渐化。
师长相携，妹姊共社。襄助竭诚，略增拙寡。
初领韵题，恍惚自话。小令从心，以酬大雅。

七月吟

庚子七月，云淡艳阳。团花锦绣，翠林苍茫。
人流闲散，街市寒凉。风云际会，日月争强。
沉浮得失，何论短长。闭门百日，今得开场。

十一月吟

笔闲两载，无意看花。营营何望，扰扰无涯。
游云无奈，明月长嗟。闭门学业，书里年华。
深宵惊梦，寄语琵琶。风波初定，心绪向佳。

初秋

秋自清风起，凉添酷暑收。
远山颜色换，褐叶见枝头。

晨雀

昨逢连夜雨，百瀑树梢流。
晨雀春枝闹，不同世事谋。

无名花

玉樽黄蕊镶，漾漾酿琼浆。
卓立熏风醉，无人自亦芳。

题图

一
迟日云光暖，双双弄水欢。
绿波惊岸柳，羞语两相看。

二
新翠盈盈目，枝帘半隐湖。
喧声遮不住，春事莫能辜。

枫叶卧雪
朱簪遗雪径，剔透衬颜浓。
谁是有心士，将收玉匣封。

冬思
三秋犹过隙，瑟瑟又相迎。
小院红黄隐，长街黑白明。
鹓鹯枯树息，蝼蚁湿泥行。
戚戚心生念，轮回向此成。

秋思
秋色风中退，迢迢隐落英。
曲塘寒水浅，老树空枝清。
繁景堪能忆，花期奈可更？
怡情三径去，何畏雪霜行。

陈娟

春愁
墙外春光薄，风来恍作秋。
老藤枯树瘦，孑影路人愁。
举目尘颜暗，凭栏世患忧。
无为浑沌久，且做向荣求。

归雁
为行临别诺，万里贯长风。
晨起汀烟上，夜停苇荡中。
啸声传暖信，归阵向花红。
又见枌榆雀，呼朋入碧穹。

初冬郊外游 步韵林芳
秋过红颜褪，无端暗起悲。
浮凫风下立，老柳雨中垂。
锦幄终将落，繁花莫可追。
往来归一别，何但强难为。

会佳人
（蒙特利尔旗袍会四周年庆）
云裳花容歌扇舞，挥毫诵赋芳华吐。
茗香酒沁羽商悠，四载相逢春满圃。

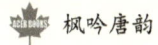

微雨中归家
雨弦敲伞三声脆,碧草盛珠万点晶。
湿袖生寒催足急,似闻炉上黍香羹。

鹿访庭院题图
梅香时节始开晴,重奏呦呦对酒行。
曹相建安何处觅?千年沧海总关情。

是此时(接龙)
两处乡愁怨柳迟,高堂念念计归期。
东风又暖东湖路,菽水承欢是此时。

傍晚游东湖
日光倒影似银桥,凤女凌波摆柳腰。
回望楚城松翠里,兴衰多少话前朝。

题振虎老师所种令箭荷花
令箭离弦红朵开,气端色正艳亭台。
似昙更比韦陀烈,带刺荷花别样裁。

雨后游山
昨夜青山细雨蒙,晓来枫翠点珠丛。
疑为水打林端响,未见沾衣叶作蓬。

陈娟

诗坛三庆
天涯亦有鼓箫声,水墨长河韵中倾。
客里相逢知己少,他乡旧曲慰平生。

咏雪
似盐若絮带春来,缀玉披衾伴蕊开。
归去无声融万物,但凭造化勿徘徊。

葱花西红柿鸡蛋汤
绿袍白帽细纤身,圆肚红颜笑若春。
铺撒金光霞万道,一盆汤水定心神。

向晚弹阮
愁起抱琴迟暮后,调音先试两三声。
四弦瑟瑟吟寒意,一片秋风落雁鸣。

闭春
闭春三月发齐腰,箧敛罗裙黛未描。
珠珥落尘辞晓镜,绿窗纱内百花萧。

雨中出行
空城微雨暗千家,寂寂风中啼老鸦。
蹙额轻言冬日久,忽看枝上已新芽。

忆栀子香

又到梅黄栀子香,欲寻一朵帕中藏。

只为追寄当年味,白玉簪头胜嫩妆。

注:母亲生前爱栀子花,花开时节每每买来簪在发前。

金柳

欲得春花寻媚色,忽如嫩绿柳初芽。

和风万缕金丝舞,映照澄空似落霞。

喜春雨

春雨和风度几回,忽然枝上绿成堆。

花红莫怨今生晚,我系情丝待尔开。

种花人

宛如佛焰一支新,浅紫冰姿绝艳尘。

都道牡丹真国色,花开最喜种花人。

秋分

未觉流光渐觉凉,闲看雁影夜延长。

徘徊野径时辰好,尽赏秋枫敛叶香。

临窗看秋

坐看窗前四季风,春枝夏树各无同。

最珍秋雨点颜色,杪上红黄变幻中。

陈娟

岁末有感
小园又漫梨花雪,疏木寒中岁欲辞。
不信流光催物老,待看新绿上新枝。

菊花忆
最是平生难爱菊,冷幽寒重别情浓。
年年寸断登仙日,祭母黄花忆旧容。

秋吟
霜侵碧水冷波连,风扫荷塘老叶旋。
一只粉莲凌独立,自存真义未须怜。

中秋
月圆不被墨云妨,赴约迢迢撒素光。
花影弄窗摇永夜,似传故里桂飘香。

年初遇雪
客中常念少梅花,昨夜风吹万蕊斜。
晓看瑶林开玉蕊,欲收一瓣入新茶。

再探陈征大哥
犹记那时聚一堂,笛声川语笑言长。
少林寺颂江湖义,五指山歌气宇扬。
世事无常存善念,三生有幸娶贤娘。
高音暂且腹中记,来日登台力更铿。
注:《少林寺》、《五指山》都是陈大哥以前常唱的歌曲。

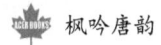

戊戌年诗歌联谊会和韵唐伟滨
青萍之末初生冷，花舍清幽漫暖香。
妙笔新诗唐韵俨，雅琴旧曲古音彰。
怆然一阙吟秋别，欣喜满堂传菊觞。
切切管弦思往昔，离歌声里赋情长。

孔子：观电影《孔子》
早慧勤修六艺通，天承木铎泰山东。
有情无累真君子，举恕推忠古圣风。
滚滚红尘宣义道，栖栖乱世化愚蒙。
平生未了君王事，济世行仁为大同。

【忆江南】贺新年
一
期相见，万里赴婵娟。携手登山春色俨，扬帆追浪夜星阑。
团聚展欢颜。
二
新岁好，偷得几天闲。漫步香江无限路，遐思征旅半生缘。
欣幸俱平安。

【采桑子】花季归迟
惊蛰残雪枝头挂，花月归迟。向晚斜晖，临牖遥思故国姿。
离宫青帝江南早，绿点山垂。金盏冬葵，倒履开颜盼客回。

 陈娟

【天仙子】思乡曲
（己亥年新春拈韵"卷"字）
弹挑素弦三两段，曲终音绝相思缱。
叩窗飞雪舞纷纷，冬夜漫。疾风卷。揖手问归期可远？

【画堂春】海角征蓬
晚霞漫卷紫镶红。半屏翠草冰融。忽闻归雁过天穹。捎带春容。
枫下灯光几点，小亭弯月朦胧。雪消雪落几回冬。海角征蓬。

【少年游】故地重游
江城五月漫春姿，朵俨柳枝垂。合欢花下，乡音环绕，千里为情追。
登楼无处寻黄鹤，空见酒仙诗。夕暮墙巍，老钟大吕，如恰少年时。

【画堂春】海上观月
泠泠清月挂舷窗。孤帆笼雾茫茫。欲眠难寐更生凉。夜色无疆。
遥念春秋往事，凝眸海浪沧桑。营营半世意难央。两鬓初霜。

【捣练子令】彩虹谷晨景
晨雾涌，远山茫，碧叶青檐掩素墙。
鸟语清啼时入耳，软风拂面送幽香。

【一翦梅】祭仙游之兄长
隔海惊闻驾鹤游，六十余秋，廿载床囚。悲乎一世为谁酬？生亦堪忧，死亦堪忧。
犹有芳华韶影留，击水扁舟，弦劲音柔。来生祈拜早相谋，来亦无忧，去亦无忧。

【捣练子】秋江
云水缈，暮山溟。夕照霞飞雁不惊。
浦树新妆添暖调，棹歌唱晚向村行。

【菩萨蛮】秋(郑板桥体步韵)
青春不住芳心住。白鬓丝丝青发护。无酒也重阳。黑茶煮老姜。
未计红无数，不知何方去。孤蝇落枝头，风凉怕上楼。

【添字采桑子】旗袍会五周年庆
秋波百转天地醉，满目斑斓。满目斑斓，仙子霓裳，秋色有情牵。
朱颜皓腕佳人俏，莲挽云环。莲挽云环，丝竹清音，款款舞蹁跹。

【荷叶杯】初雪日有怀
晓起倚窗惊愕。秋暮。换容妆。
梦中颜色玉尘掩。还念。木樨芳。

陈娟

【西江月】庚子年望乡

三镇乱云厉疾,万家霹雳惊雷。龟蛇忍对别声凄,无奈双江伤涕。

千古怀沙夫子,当今荐血贤医。凤凰浴火涅盘归,青史寒英远慰。

【诉衷情】天涯五月

天涯五月尚清凉,无赖误新妆。何端春帝归晚?空径对斜阳。

人未改,物无常,世含霜。梦吹虚往,只愿东风,去浊留芳。

【暗香】忆

西窗尽碧。正柔毡铺远,绣针绵密。积翠清鲜,雾色初开荡尘涤。断续檐珠扫面,清风起、平添乡忆。去年事、六月湖东,烟柳暗香袭。

追昔。白驹逸。化鹤归辽天,回途难觅。欲寻素笔。开卷读经抚心臆。常幸平生静好,悄凝盼、家园安谧。望际处、霓彩出,隐传鸣瑟。

【临江仙】题图次韵

白练垂天直下,淡烟绕顶闲飞。残阳斜照缀霞晖。半生漂四海,孤客访山嵋。

长啸当歌独醉,甘泉化酒倾杯。雁声催梦梦中归。还当明月在,便作彩云陪。

【南歌子】纳凉和韵
入暑蝉鸣早,延湖荷叶青。幽虫篱下汇歌声。曲巷斜街设簟、接繁星。
小扇摇星落,评书和月听。俗尘仙域各关情。夜半鼾声渐起、散流萤。

【临江仙】(贺铸体)钱塘江十字潮
仲秋浪惊钱塘月,潮来汐去年年。多情迢递至涯边。贯江双白练,十字汇奇观。
狂吼歌韵叹一曲,悠悠天水惊弦。分分合合各为缘。几回沧海梦,何必觅蓬山。

【南香子】探春
细雨归春。梳洗烟草褪旧尘。
伞下行人朱履俏。环眺。嬉戏枝头一翠鸟。

【南香子】观松花江冰浪视频
骇浪穿江。惊雷震鼓急波扬。
劈剑张弦分两势。相峙。胜败轮回焦灼计。

【破阵子】新岁怀乡
已是满城寒色,又兼昨夜西风。未及寻梅迎岁暮,仙子凌波开素丛。残枫露点红。
梦入桥头杨柳,神游堂后梧桐。隔水相看难相拥,几盼春归有一逢。幽思越万重。

 陈娟

【唐多令】一杯饮
乡阔十三秋,夜阑神偶游。旧平房、小院鸡啾。苔蒜一盘香满口,娘还在,笑声悠。
时岁去悠悠,喜迎姊妹俦。挽兰心、遍赏芳洲。梦里相逢慈母远,一杯饮、上苍酬。

【鹧鸪天】秋去冬来
风扫凋枝零落红。飞霜浸雨沐青松。青芦白苇节时换,小雀喳喳瑟瑟风。
晨诵道,暮聆钟。诗书为径自从容。秋光秋色琉瓶集,待与冰壶过暖冬。

【定风波】(欧阳炯体)秋日有怀
咋起秋风咋起凉。飘零乱叶满庭黄。遥望层林颜欲尽。堪忍。凄凄鸿雁远征忙。
寻鹿山中曾几度。闲去。笑谈野趣看苍苍。流水落花凭有意。恰是。且闻来岁木樨香。

【十六字令】
秋。极目霜红舞劲遒。归何处,牵系故人愁。

关伟诗词选集

关伟,格律诗词曾发表在《华侨新报》《七天报》《当代诗歌地理》《魁北克诗词研究会》网站等报纸网络上。集成《关伟诗词集》。

元日降雨

窗前细雨濛，舍内壁炉红。
不惧寒冬至，诗书勤用功。

学诗

天阔逐同源，他乡友谊存。
红枫诗有约，白雪句中言。
妙趣成酣语，知音入玉魂。
情高悠寓意，吾醉亦怀恩。

题自画雪景

白雪浮云连日绚，青苍老树山中眷。
荒凉无迹静为安，小屋之人应不倦。

注：为我的雪景画而作。

题自画仕女图

伊人对镜描妆细，丽影悠然且雍容。
试问年来颜色老，温文秀内可长从。

注：为我画中的仕女而作。

题自画秋色图

濡染金秋陶醉意，晴光枫叶映相随。
缤纷最美林中色，降紫红黄画笔施。

注：为我的秋景画而作

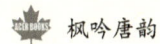

新岁祈盼
日月镝忽光掠影,银装依旧新年冷。
疾风横扫瘟神去,新岁太平呈盛景。

五月春意
竞放繁花五月容,枝头雀跃逸情浓。
轻帆荡漾逐流水,暖日温文映翠松。
美景何时能踏入,疫情两载盼消踪。
行停数月言无尽,唯盼去霾响磬钟。

【醉太平】(刘过体)登山
山崴势雄。冰峰始融。树摇湍下穿丛。赞春光正隆。
心愉趣浓。身轻步匆。汗侵衣袖颜红。醉登高望中。

【浣溪沙】夏日感怀
碧草青山共翠幽。扬帆逐浪几红舟。斜阳孤鹜入波流。
天水相容疑梦幻,沧桑别难惹人愁。拾来红叶抚心柔。

【鹊桥仙】(秦观体) 七夕
苍穹浩瀚,人烟无迹,孤侣迢迢相聚。凝眸相对诉相思,有道是、情深难喻。
鹊桥易断,别怀不忍,泪洒衣襟无数。鸳鸯复又各东西,只叹那、谁人堪顾。

关伟

【谒金门】（韦庄体）林中赏枫
闲信步。探趣彩枫无数。赤紫橙黄飘满树。晚风吹日暮。
秋色醉人如许。欲挽岁华长住。落叶牵愁家国路。鬓丝霜雪度。

【忆故人】（烛影摇红，王诜体）缅怀慈父
缺月高悬，照小楼，夜不寐、伤悲叹。流星悲似泪长流，天地相离远。
思父心情难断。望苍空、何来怎返。吉云缭绕，鹤影腾飞，仙宫陪伴。

【少年游】春光无踪
早春二月雪翩跹。风啸过门前。冬寒何奈，世间多舛，堪谓苦无边。
四十有载鸳鸯美，晴雨亦同肩。把酒香醇，鬓霜翁媪，对影度残年。

贺新芝诗词选集

贺新芝，格律诗词曾发表在《山东诗歌》《华侨新报》《七天报》，2019年《当代诗歌地理》上、下，2020年《当代诗歌地理》上、下，《魁北克诗词研究会》网站等报纸网络上。集成《贺新芝诗词集》。诗观：怡情怡性。

五月吟

新从五月,漫步青山。悠悠云白,湛湛天蓝。
新枝佩绿,翠鸟鸣欢。百花初放,五色斑斓。
鸳鸯戏水,鹅鸭簇阑。小儿雀跃,老者欣然。
人间福寿,世道祥安。挥毫月下,对影成三。

元旦开篇

新梅元日绽,白雪共翩跹。
撷取香纯气,题诗入首笺。

题且随缘篆刻

小巧一方田,朱砂入意禅。
精雕横竖刻,明暗自随缘。

为嘉树字「惠风相从」

惠韵心弦荡,风馨翰墨间。
相怀幽碧月,从趣览蓬山。

观赏周黎华老师写生画作

萋萋没小花,傍水浣轻纱。
拨弄清波影,香侵渚岸家。

风吹雪似烟

风吹雪似烟,恍入九霄天。
欲探香梅路?清心弄冷弦。

三月落雪

梦里春阳至,和风共唤诗。
晨来银絮落,报说韵成痴。

秋思

昨夜潇潇雨,临窗数落英。
晨曦氲紫气,绕杪染红荣。
阡陌迂回曲,征鸿顾盼鸣。
吟秋思绪起,觅景泰然行。

元日有感

长空云静寂,白雪覆阑干。
远足舒胸臆,迎风凝泪寒。
青衿游子影,独步旅途酸。
唯愿辞庚子,欣欣度日安。

寒夜彩灯

枯枝老树好苍凉,暮色昏鸦呱噪翔。
唯有彩灯霓幻闪,迎来照影几红妆。

清江醉翁

轻舟点水弄波影,鸥鹭盘旋戏渡翁。
渚岸花娇风对舞,清江欸乃醉苍穹。

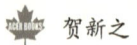

岁末
寒来岁末归程急，忍对长空啸朔风。
雪落秃枝鸦雀恼，何时满树又葱葱。

咏梅
寒来雪往百花哀，尔立枝头独自开。
一缕清香传未远，柔夷贴颊取瑶台。

雪花情
翩跹起舞似云飘，疑似嫦娥下九霄。
戏做梨花枝上卧，洁来洁去自逍遥。

唱酬人
鸳鸯试水春波戏，雪雁追云景致新。
又是春来情切切，云笺莫负唱酬人。

赏春姿
春花竟放馨香溢，阡陌萋萋掂几枝。
未解情怀无限意，鬓边香插扮娇姿。

咏牡丹
姚黄魏紫竞相开，簇玉堆琼阆苑栽。
坦坦娇姿华丽貌，层层冰颊剪霞来。

秋菊
迎霜浸露度逍遥,篱畔寒中绽蕊娇。
金甲曾为王者气,南山一叹意冲霄。

诗坛三庆
由来雅兴在诗乡,欣入诗坛唱和忙。
韵里千秋佳句在,推敲平仄品芸香。

咏冬梅
梅花一夜绽寒枝,阵阵幽香惹我痴。
莫道严冬空寂寞,铺笺洒墨写新诗。

岁末感怀
光阴驰骋阴晴去,劳碌奔忙又一年。
故里遥遥年少别,乡书又寄盼儿还。

题麋鹿照
岫谷游云次第来,风摇苇草一行开。
平原堆雪晶莹地,麋鹿娉婷走秀台。

雪落青松
飞琼一夜落千重,素裹琼枝卧老松。
依旧青针迎白雪,似曾相识又相逢。

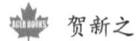 贺新之

红梅花开

碧玉柔肌冰洁貌，娇黄小蕊望中开。
迎寒最喜花团簇，傲雪精灵款款来。

题花鸟图

小雀娉婷初展翅，晴空旷野任其游。
枝头傲立观花放，一片春光尽入眸。

【长相思】迎春

朝亦思。暮亦思。春送红花缀满枝。临窗细数痴。
叟欢兮。童欢兮。喜庆春归终有期。彩灯初上时。

【长相思】（白居易体）荷盼

粉荷新，碧叶新，亭立池边盼意真。征途又别君。
落犟犟，寞犟犟，顾盼双眸不染尘。月辉依妾身。

【画堂春】此境谁知

落花铺径冻冰池。弄春大雪纷飞。小园空寂肆风啼。何奈冬摧！
独坐小楼无语，临窗满目枯枝。醉杯频举对清晖。此境谁知？

【画堂春】咏蒲公英

春风细雨送温良。绿裙点缀花黄。未施香粉素成妆。秀色难藏。
聚散莫嫌忒早，飘飖不计何方。今生不负好时光。一路飞扬。

【少年游】早春

盼红盼绿盼春姿。难忍报春迟。枯枝撩雨,乱绒铺径,残雪掩园池。

冬寒未去心怀暖,嬉戏踏冰时。面灿红果,步飞蛱蝶,陌上赛疯痴。

【一翦梅】清荷

蛙噪池塘非诉愁。盛请清荷,舞动红绸。清凉漫举即平生,乱世纷争,唯尔悠悠。

逝水流年终不留。一样年华,两种追求。愿陪小朵入丹青,身净无忧,心亦温柔。

【捣练子令】彩绘蓝天

腾紫气,舞红鸾,飘渺云烟一瞬间。
是日晨风惊梦醒,望中霞彩绘蓝天。

【采桑子】(和凝体)春雪有感

梨花无意随冬去,又弄风头。不问情由。醉掩萋萋草色羞。

镜中对影青丝染,难掩霜稠。冷暖何愁。岁月长河竟自流。

【浪淘沙】岁末感怀

望里雨绵绵。融雪成川。孤灯长夜朔风寒。庚子愁丝梳又乱,声叹哀缠。

晨起踱西山。鸟雀鸣欢。清辉抚慰此心难。常盼春回花烂漫,人尽其欢。

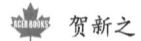 贺新之

【虞美人】贺岁
青春当逝华年远,不计青丝漫。情如化蝶自由飞,一路迎风沐雨有玫瑰。
花开老树春犹在,志趣无须改。此心依旧泰然之,日月为凭甘苦有新诗。

【玉蝴蝶】元月
晨光微煦阴晴。枯树报梅馨。岭上坠冰凌。幽园翠柏亭。
麟儿围膝绕,花甲喜相萦。风雨酿亲情。岁新环俗声。

.

罗红雨诗词选集

罗红雨，格律诗词曾发表在《加华月刊》《山东诗歌》《华侨新报》、《七天报》，2019年《当代诗歌地理》上、下，2020年《当代诗歌地理》上、下，《魁北克诗词研究会》网站等报刊杂志上。集成《罗红雨诗词集》。诗观：诗词是作者与心灵相对静坐后的产物。

三月吟

薄寒三月，趣步郊林。地回淑气，鸟弄清音。
草茸于野，花灼在心。探来春息，化作新吟。

四月吟

人间四月，风染春裳。南江绿润，北陌花芳。
柳垂堤岸，鱼跃横塘。燕归故里，鸿落北疆。
怅思洄溯，魂梦彷徉。心安归处，笔墨芸香。

八月吟

草幽八月，雨老风香。花开依旧，蝶舞相将。
蝉鸣高树，萤曳流光。秋苗滚绿，稻穗翻黄。
日衔夏暑，夜引秋凉。一弯新月，对水笑双。
葡萄架下，喜鹊桥旁。拾来佳句，欣入诗囊。

岁末吟

乾坤冬寂，辛丑岁忧。寒来风冽，尘扰疫蹂。
归云杳杳，古道悠悠。漫收愁思，且放远眸。
亲朋协力，家国济舟。诗心长逸，文骨方遒。
流年逝水，君唱我酬。青山一诺，情意千秋。

春愁

春日霏霏雪，枝头点点寒。
愁颜锁孤鸟，何处觅三餐。

乡梅

雪夜多归梦,梅梢正解颜。
欲窥寒里俏,遣月到乡关。

冬思

天涯客旅情,冬至愈分明。
落叶和风舞,流年逐水行。
衣重轻朔雪,卷启解寒声。
尚有堂前月,悠然自复盈。

初夏

草木绿扶疏,熏风向晚徐。
芳丛聊驻屐,清馥已萦裾。
思裛千山外,吹凉十里蕖?
旧红堪叠影,月下拟乡书。

立春

未见早莺争暖树,更无垂柳拂行人。
流风回雪春何在,细把眉山翠黛匀。

信鸿

一字横空抵万词,遥将浓意报君知。
秋笺几送斜阳外,休负凭栏春暖时。

迎春花

二月华英羞试镜，几番冷暖几催妆。
风描秀骨初痕绿，雨点纤枝数萼黄。
漫抹新柔檐下度，巧添春色径边徉。
百花蜂蝶翩跹日，先有寒中一缕香。

芸香

雪月风花不问年，春秋取次入吟笺。
半痴半醉诗当酒，时唱时酬韵在弦。
心思行间堪折迭，激情纸背欲洇穿。
且添香墨濡毫笔，挥洒芸台续雅篇。

【行香子】晚秋

风舞东篱，菊蕊魂销。望天边雁阵倾巢。远山渺渺，寒水迢迢。对芦花白，霜花薄，浪花缭。
春兰夏草，芬芳尽吐，近暮秋难驻华韶。清心且付，陋室逍遥。有一香笺，一诗卷，一云箫。

【七娘子】新雪

飞花朵朵窗前逗。翠幔掀、盈掬深深嗅。轻湿霞腮，醉融红袖。晶莹世界清香透。
那年久慕初牵手。笑声追、飘絮怀中扣。旧梦低徊，新毡雪就。问君鸿爪微痕否？

【清平乐】秋绪
秋蝉声骤,又是黄昏后。忍顾香销清月瘦,离恨悠悠依旧。久伫寒浸裙纱,收绪低弄琵琶。轻抹慢挑复捻,可知珠落谁家?

【添字采桑子】秋塘
殷红亭立秋塘静,蝶去蜂迁。蝶去蜂迁,独赏残阳,一枕楚天寒。
芳情怎共西风老,月下无眠。月下无眠,对影清魂,心事化漪涟。

【醉太平】迎春蝴蝶兰
心盟不违,春来紫衣。霞飞一抹长迤,恰英台蝶姿。
香幽韵依,情浓梦偎。眉间盈意君知,正从枝漫随。

【如梦令】早春
长念人间仙苑,桃柳欲苏还倦。曲曲久凭栏,入鬓东风蒻蒻。春浅!春浅!几处早莺啼唤。

【风流子】(孙光宪体)落叶
风乱半空绮丽。雨挽一林珠泪。秋欲暮,奈情何,撒落红笺满地。
无字。无址。无尽相思焉寄?

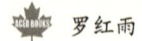 罗红雨

【南歌子】纳凉

稻谷堆场灿,葡萄缀架青。暮幽篱外落蛙声。榻簟邀凉闲卧、看双星。

古往堪谈笑,今来漫戏听。童儿不耐个中情。月下草丛蹑步、捉流萤。

罗晓军诗词选集

罗晓军，格律诗词曾发表在《加华月刊》《山东诗歌》《华侨新报》《七天报》，2019年《当代诗歌地理》上、下，2020年《当代诗歌地理》上、下，《魁北克诗词研究会》网站等报刊杂志上。集成《罗晓军诗词集》。诗观：真情释放，美好呈现。

新春吟

朝阳杲杲,新岁熙熙。家山瑞雪,玉树琼枝。
寻寻故里,念念高慈。归心入句,风骨化诗。

五月吟

风轻云淡,雨霁霞红。远山染黛,松柏苍葱。
凫鸥戏水,绿柳随风。蒹葭葳蕤,草木蓬茏。
春荣遥望,趣味无穷。疫情危重,禁足家中。
琴棋入画,茶酒盈盅。诗词为伴,共渡时空。

十月吟

秋开时序,景色渐佳。金风桂影,玉露物华。
蒹葭染白,枫叶飞花。碧空过雁,枝上噪鸦。
园中青菜,架下甜瓜。霜阶扶草,篱菊人家。
当空皓月,向晚红霞。锦书遥寄,倦客天涯。

回乡

晨风送雀鸣,紫气灶烟萦。
路嗅花间语,闲游翠竹坪。

除花

草浅立花黄,风轻白絮扬。
小园关不住,忍别惹心伤。

盼春归
无眠春送雨,波涌漫河堤。
杨柳青芽小,何时弄彩霓。

睡莲
碧水映昕曙,涟漪破镜开。
谁惊仙子梦,冰影玉宫来。

秋思
秋潜几丝凉,凭阑举桂觞。
诗心随梦远,有月便成行。

鸭吟
浮游碧水池,嬉戏掌中姿。
逐影吟欢语,奈何人不知。

题图
池畔柳帘开,游凫入镜来。
对吟三四语,痴看两无猜。

夏初
时迁混不知,弱柳露芽迟。
五月犹飞雪,冰清压媚姿。

罗晓军

题图(令箭荷花)
碧叶亭亭立，红香三寸莲。
随心长剑舞，孤胆护花仙。

拾叶
蝉鸣惊岁寒，深径觅幽欢。
拾得青黄叶，添霜入画栏。

中秋夜
冰蟾挂桂枝，素影入秋池。
万里心归去，杯留寂寞诗。

秋吟
秋风瘦翠塘，莲叶半枯黄。
孤影芳心净，亭亭渡暗香。

题乐老师双燕雨中归图
绿柳戏红花，呢喃入雨斜。
徘徊双燕影，归处筑新家。

瘦湖掠影
照影瘦湖旁，清波映彩妆。
忽而鸿雁起，诗意入斜阳。

四月雪
何缘春失信,瑟瑟幼苗寒。
但怜花枝细,东君送锦团。

秋思
风剪庭前叶,怡情从落英。
松烟盘玉砚,嘉树润华荣。
笔落龙蛇舞,诗成锦瑟鸣。
清茶斟月下,对影画中行。

诗坛三庆
诗坛传盛事,雅聚约拳拳。
骚客抒胸臆,芸香续雅篇。
抚琴吟旧曲,落笔染新笺。
唱和随君意,辞章过几千。

郁春
春雨细如线,勤侵小苑幽。
梨花争玉蕊,柳树冒芽头。
勤剪碧茵短,闲掐黄花收。
浅酌催睡意,独醉梦相酬。

冬思
雪洗秋华老,枯枝向月横。
临窗寒意促,裁句暖心生。
游子离觞苦,椿萱旧梦惊。
悠悠辞岁暮,书寄别离情。

雁归
逐春行旧诺,越野御清风。
展翅凌云上,仙姿碧水中。
高歌吟雪破,快意入苍穹,
所寄江南豆,随冰沃土融。

题图赠雪竹老师
斜柳戏轻烟,江花灿欲燃。
征帆追梦信,逆浪逐华年。
云卷绕青瓦,鸿飞递彩笺。
余音犹未尽,倚枕晓窗边。

宵禁感怀
无眠邀枕梦,寂静怅凡尘。
雪落轩窗白,风吟晓色新。
疫牵思世事,心系故园人。
过往嗟行客,诗中自在身。

山池睡莲

旷野遇莲池,孤芳不为知。
金容涵素韵,玉蕊吐清姿。
花影随波动,月华照碧丝。
幸哉尘俗远,仙境自成诗。

芸香夏日雅聚

煮茶林宴处,风挽素衣凉。
阔别喧欢语,相逢饮醉觞。
斗诗添妙趣,无曲自成章。
念念芸香意,依依话久长。

春寒

冰湖喜见泛微波,雪雁长鸣寂寞歌。
无奈暖风沉醉久,何时杨柳戏青荷。

咏春诗二首

一、弄春

春风弄笔雨轻描,点竹成林隐水桥。
驿外莲蓬犹蔽日,涟漪笑对柳枝摇。

二、画春

春雨多情一水收,烟波剪影下渔舟。
蛙鸣嬉戏青莲小,闲看鱼儿可上钩。

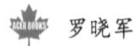罗晓军

钓趣
波光潋滟映云稠,闲钓几杆碧水幽。
野鹤惊飞掀细浪,鱼儿暗笑饵空留。

月下芍药
月翦云裳小苑前,娇花素韵可心怜。
窗帷半落孤灯影,斜倚朱栏不肯眠。

夏日翠湖
红霞漫染碧波莹,极目轻帆破浪行。
过雁长鸣随去远,涟漪碎影伴舟横。

赛龙舟
频报江河竞渡篇,龙舟蓄势鼓当先。
须眉巾帼齐挥桨,呐喊声声上九天。

鹿访庭院题图
苍松噙雪露天晴,小苑诗音引鹿行。
宛若呦呦呈妙舞,迢迢而至结缘情。

是此时(接龙)
又诉离情归恐迟,椿萱别语梦中期。
承欢有诺来春去,奉酒烹茶是此时。

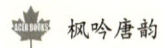

题振虎老师所种令箭荷花
多情碧箭竞风姿,红萼含羞正此时。
一缕荷香凝玉露,约来浅唱醉心诗。

岁末品醉
夜幽灯火映寒霜,玉色琼辉入画堂。
酌酒弄琴歌几曲,悠然品醉见诗章。

雪夜
琼枝玉蕊簇飞花,月破迷蒙雾拢纱。
茶舞舒沉香入袖,琴音入画渡浮槎。

种花人
枯枝勤翦翠芽新,雨润娇容冼暗尘。
浅绿深红扬笑靥,凝香酬谢种花人。

秋分
日暖风清夜渐长,枝头未觉已侵霜。
半窗树影摇玄月,倦客思乡倍觉凉。

雨过秋山
雨润苍山罩霭蒙,华姿未减绕林枫。
风吟一曲添新色,万点晴光映彩红。

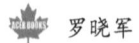 罗晓军

秋游皇家山
橙绿红黄染暮秋,落华映水逐飞鸥。
撷来一叶相思露,万里闲云寄客忧。

思乡
新春细雨似秋凉,煮酒烹茶醉意长。
对镜影孤寻去处,他乡梦里是家乡。

夏院
青冠映日影悠长,一树藤萝掩绿墙。
解暑邻童闲戏水,蜂飞蝶舞挽花香。

年初遇雪
多情飞絮舞琼花,轻落壶中煮老茶。
化作寒香增岁暖。心如玉蝶寄天涯。

题花鸟图
一树芳菲醉眼看,幽声百啭破春寒。
新愁漫曲谁人解?散落清香缀笑欢。

遥思
细雨津津浸柳枝,东篱疏影暗香时。
屏前故里桃花醉,弄笔吟笺报两痴。

三月
雾散寒消风送暖,枝头小蕊已含春。
烟霞醉染山间路,踏落琼花不着尘。

ANGRIGNON 公园 睡莲
园池秋涨水痕萦,碧叶连连霞色荣。
三两残红波影浅,拈来余韵入诗情。

戊戌之秋芸香雅聚拙存斋
丛林小径曲幽深,碧野犹传犬吠音。
听水观松寻好景,拾薪炊火落清吟。
熏风浸染浮萍绿,晨露滋荣灌木参。
不慕陶公锄荷地,拙存斋里话诗心。

咏秋和韵
秋风飒飒剪云裳,枫叶红橙复浅黄。
湖水涟漪生日暖,连山夕照避寒凉。
征帆远影寄乡曲,过雁长鸣任远翔。
谁记离人歌对月,吟诗煮酒亦轻狂。

秋风辞
夕阳斜映染红山,曲水穿行渚苇间。
林野蛰虫吟旧陌,花前蛱蝶舞清湾。
孤鸿远渡云崖断,离绪长嗟暮霭闲。
拾得橙黄枫一叶,书签长作记秋颜。

清欢

秋声渐急又天凉,野菊幽幽照浅霜。
且自悠闲寻茗道,恁凭熏醉梦家乡。
平沙雁落清怀远,流水高山意气长。
曲尽诗存衔雅趣,芸香一缕入琴囊。

雨霁有虹

斜阳雨滴共池中,七彩祥云挂碧空。
蝶戏飞花香韵散,莺啼破柳翠华丰。
乡音一曲情难尽,诗酒千樽意未穷。
何日梦魂归故里,轩窗醉卧枕梧桐。

岁末感怀

暖风吹缀玉花枝,疑似东君不自持。
白发何曾忧岁老,青山几变度容姿。
金樽对影残星淡,酣墨催诗晓色迟。
赖有家乡千里外,客居望处寄相思。

咏菊

秋月更阑皎皎侵,红花碧草复知音。
盘丝染露迎风展,吐蕊生烟向日吟。
五色花容含傲骨,十香茎叶伴芳心。
凌霜伫立东篱下,一世悠然咏古今。

游农家乐

碧野连天云弄晴， 菜洼荷藕竟相生。
林中漫步自然得， 架下掂瓜谁与争。
炊火随烟香袅袅， 烹豚满钵喜盈盈。
多情最是种莲客， 肯许秋容做美羹。

【小重山】夏院

几缕斜阳染彩眉。藤萝缠绿蒂、吐新丝。蝶从幽蕊绽花时。多烂漫、繁锦缀桠枝。
埙起伴茶炊。轻吟随舞起、越丛篱。谁能共谱此行诗。星空远、琴瑟报相知。

【行香子】戊戌年夏芸香诗社小聚记

青坠枝凉。云染霞妆。佳人聚、有约芸香。拨弦唱婉，素韵悠长。有画娥眉，堆云鬟，系罗裳。
湖幽花幻，霞涵波影，野凫游、绕戏葭芒。落红桥畔，孤鹜斜阳。度陶然趣，吟歌雅，舞姿扬。

【鹧鸪天】送秋归

雨洗清秋悲彩枫。残枝斑驳立寒中。风驰小渚弄蒹苇，云卷晴空送雁鸿。
长歌咏，不眠钟。流光细数且从容。赋闲研墨诗笺趣，月下幽琴试用功。

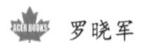 罗晓军

【平湖乐】正中秋
清风徐染正中秋。夜幕随云皱。桂影婆娑自旋久。泛心舟。盈樽新煮花雕酒。醉吟乡曲,月圆人瘦。思绪过神州。

【临江仙】(贺铸体)新岁
雪点琼枝犹料峭,冰凌坠趣铮铮。寒梅新蕊满庭馨。伴窗含醉影,对月唱酣声。
莫叹华年霜染鬓,梦留乡语叮咛。围炉谱曲共聆聆。酒盅轻酌味,茶盏重诗情。

【一翦梅】己亥年新春拈韵春字
鹊戏琼枝絮舞春。爆竹催程,烟火迎新。曾经多少忆年轮。短诉清欢,长续情真。
感慨盈舱叹自珍。忍别今宵,不负良辰。欲将泪眼忍无痕。难却离情,难却天伦。
注:为己亥新春发小别后三十年相聚而作。

【采桑子】春上茶山
东君送暖江南早,春上茶山。轻袅青烟。一缕幽香已尽欢。
半屏翠色斜阳外,丽影横阡。独得悠闲。把盏嚼清入彩笺。

【画堂春】唤春容
暖阳不怠唤春容。雪消土润冰融。绽红幽绿意葱葱。亲吻东风。
篱外徘徊逐梦,身姿入画朦胧。鬓斜一朵带香浓。起舞惊鸿。

【少年游】争渡
梳云细雨夏迟迟,冷暖费相知。桨掀白浪,龙舟疾发,骁勇碧波驰。
残虹入水浮萍迹,对岸绿环堤。醉里豪情,梦中故国,一曲楚江诗。

【画堂春】庭漫馨香
浓荫蔽日影斜长。红花翠幕屏廊。倩谁纤指巧梳妆。庭漫馨香。
罗袖随风轻舞,浅吟低唱悠扬。熏风对酒不思量。醉意徜徉。

【破阵子】龙舟竞渡
大鼓催征似炸,蛟龙出水如腾。快箭冲波飞白雪,挥棹翻云跃浪行,同心奋力争。
汗浸罗裙无悔,泪潜心底添荣。风雨几经磨砺志,看淡江湖输与赢,仰天寄楚情。

【捣练子】独行客
云海转,雾峰飘。风剪孤鸿去影遥。
一览群山胸臆畅,长歌怀古逐情高。

【捣练子】夜舟
秋雨霁,暮云行。明月繁星照水清。
心逐涟漪思绪涌,棹歌舟上诉幽情。

罗晓军

【菩萨蛮】秋思
秋声不住秋情住。凄凄别雁南江渡。煮酒寄重阳。蟹蒸配子姜。
夜阑添别绪。阶外寻乡语。玄月挂檐头,籁声入小楼。

【采桑子】旗袍会五周年庆
枫吟秋色声声漫,红岫延绵。红岫延绵,画角含烟,仙子下云端。
轻舒碎步楼台上,款款翩跹。款款翩跹,清乐柔姿,韵里共缠绵。

【采桑子】旗袍会五周年庆
江南江北天涯聚,仙了情缘。仙子情缘,倩影留存,娇媚似花妍。
今宵月下寻幽处,醉里诗仙。醉里诗仙,相约他乡,几度约清欢。

【西江月】庚子望乡
日日乡心牵梦,年年客路离愁。今宵残月更添忧,花少梅枝还瘦。
逆境长驱楚地,孤怀泣祭归舟。众贤与共济危楼,望里重回锦绣。

【点绛唇】别恨
帘卷春寒,晓莺啼落中庭树。晨曦润露。幻影花争妩。
风翦云音,思念茶中煮。柔情诉。心杯勤顾。别恨悠然处。

【如梦令】稠云千缕
不计一宵春雨。双燕临窗低叙。帘卷入轻寒，风断稠云千缕。吹去。吹去。小院红花萦絮。

【浣溪沙】暮春
晓苑郁金枝正香。熏风送燕啄泥忙。闲来细品慢时光。
诗入三笺朝暮咏。雨生红绿彩描妆。余晖一抹满庭芳。

【诉衷情】暖风初度
暖风初度雨丝凉。堤柳上新妆。凫鸥渚苇嬉戏，画角入斜阳。
抬眼望，暮云茫。月凝霜。孤帆随影，去水无痕，不寄幽芳。

【诉衷情】早春
草芽浸雨一分凉。娇柳正匀妆。阶前小朵初妍，羞答谢春阳。
泥润软，燕飞双。择新梁。小园闲步，拾翠拈花，指绕清香。

【鹧鸪天】相思
翠绿娇红点彩屏，新枝缠蔓入轩棂。半壶老酒忆心事，一树残阳伤画庭。
弯月淡，乱云生，梦回故里绘丹青。无痕落笔年年续，琴诉离歌谁在听。

【风光好】（欧良体）夏思
夏花妍，雀翎翩。细雨帘波锁紫烟，也悠然。
轻歌一曲思乡梦，诗情动。无计阴晴月难圆。又窗前。

罗晓军

【暗香】仲夏
水生琼碧。正尘心尽洗,柳烟疏密。树闹蝉鸣,志忑秋来号如泣。半掩落霞丽影,流光醉、遐思长忆。夜清冷、寂寞幽庭,故里盏中觅。
鼓瑟。和曲寂。盼五福丰盈,共驱时疫。远空静谧。茶饯半熏误诗笔。梦醒新愁别绪,残月坠、去归无迹。夜未央、星熠熠,冷侵陋室。

【临江仙】(徐昌图体)题图
壑上峰岩竞秀,天垂水幕凌飞。云烟环绕撒清晖。素心涵阔野,抒意揽幽微。
独坐松间陶醉,情随梅落觞杯。满怀思绪已忘归。斜阳谋远眺,谁可与相陪。

【唐多令 】一杯饮
(戊戌年旗袍会四周年庆典记)
欢聚共吟歌。结缘从绮罗。款款来、宛若凌波。妙曼轻盈挥羽扇,飘华发、笑声多。
日月化飞梭。琴弦几唱和。展蛾眉、漫舞婆娑。噙醉含香茶酽洌,一杯饮、去蹉跎。

【十六字令】咏秋
秋。半树残红慰客愁。
追风去,落叶总牵眸。

【临江仙】(贺铸体)钱塘江十字潮

湍涛十字惊明月，蛟龙相遇年年。醉听雷响大江边。汐期终有信，逆水棹歌还。

千里烟波传佳曲，一舸孤咏心弦。征帆倦客为谁缘。几经沧海梦，情似小重山。

【眼儿媚】清秋有怀

风弄云虹不知休。晚照更轻柔。窗前过雁，篱东斟菊，霜染深秋。

画屏觅得归乡路，情愫笔端留。孤灯伴影，梦回何处，月上心头。

【采桑子】春归迟

东风倦送春归晚，柳细烟轻。瘦绿衰英。燕子徘徊怎筑城。

轩窗半掩闻莺语，唤起乡情。归去难成。寄远愁肠一寸萦。

【苍梧谣】秋

秋。独饮清茶立小楼。鸣蝉哑，虫语解心忧。

秋。剪剪轻寒雨未休。风吹起，天阔雁声遒。

秋。柳入涟漪逐影游。千帆过，何日棹归舟。

【诉衷情】（毛文锡体）暖风初度

和风初度雨丝凉。堤柳染新妆。芦花渚，戏鸥翔。画角入斜阳。

抬眼暮云茫。月凝霜。孤帆去影水茫茫，寄幽芳。

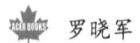 罗晓军

【行香子】夜游老港
去日阴霾,入夜新晴。乍风起凉意罗轻。彩船波荡,碧水澄泓。正光追影,影逐浪,浪飞瀛。
涟漪吟曲,青衿染醉,忆韶华未负征程。客居半世,几拜长亭。念故园月,儿时趣,旧人情。

【霜天晓角】春序
一怀乱絮。几转长飞路。梦里亲情终得,紧相拥、泪楚楚。
春序。燕雀语。故里幽怀度。焰火高燃夜幕,驱恶疫、迎瑞兔。

【卜算子】春思
细雨润江南,陌上垂三素。云过青山落影双,碧水涓涓处。
孤雁北回头,客路年年数。点点黄花抱桠枝,都是怀伤楚。

【减字木兰花】艰难辛丑
云屏辛丑。故里牵情空皓首。袅袅茶烟。琴曲凄凄何以欢。
除魔灭障。祈愿河山终去恙。雨霁新晴。明月遥衔思韵行。

【望江东】 江东路
曾住江东柳青处。叶浪里、闻莺语。儿时未识折枝苦。有彩笔、描词赋。
而今柳絮轻扬否。望眼老、云烟阻。万山千岭径无数。纵不似、江东路。

 枫吟唐韵

【南歌子】（张泌体）题图登雪山
雪霁霞烟远，云悠僻径长。
扶摇仙境入清凉。惊起琼花飞舞暗浮香。

【江城子】（苏轼体，双调）秋思
雾开山岫正秋晴。碧烟凝。暮云横。枫岭殷红、湖水醉盈盈。
几片航帆飘渐小，千万里，雁相行。
怅怀游子梦归程。诉离情。为谁听。岁岁留痕、犹记那年声。
水月相思笺远寄，还附上，鬓边星。

【卜算子】（苏轼体）寄
掬雪煮清茶，一缕相思旧。拟写新词抒客怀，半阕消长昼。
笺寄越关山，去影涵心瘦。求得新枝故里梅，但解眉间皱。

【清平乐】月荷
碧波娓娓，月影流香醉。翠玉红绡盈秋水，别有一番清媚。
倩影独立荷池，晚风频送情丝。欲诉还羞相对，花开心绪谁知。

【定风波】（欧阳炯体）感怀
水雾连山山欲飘。风声入木木相摇。远去霞辉天又晓。晴好。
红颜一抹色更娇。
客里佳期难与诉。心苦。奈何无寐问清宵。鬓染韶华谁奈写。
也罢。寄情美景任逍遥。

 罗晓军

【长相思】（白居易体)画荷
云中嬉。水中嬉。红粉娉婷坠碧池。清波借意随。
画依依。影依依。墨笔生香思梦归。月升情入帷。

【少年游】心字锦成笺
归来病榻跪堂萱。银发病身缠。往来妙手，暮晨白羽，当幸众天仙。
不眠长夜星空寂，细语奉床边。侍奉恩怀，此情肺腑，心字锦成笺。

【玉蝴蝶】新晴醅茶
琼花披日新晴。玉树映窗楹。画角坠风铃。余音亦有情。
龙珠噙露起，香馥入心生。何事再需争。笑谈天地行。

宋兰诗词选集

宋兰，格律诗词曾发表在《华侨新报》《魁北克诗词研究会》网站等报刊杂志上。集成《宋兰诗词集》。

早春吟
新阳映雪,瑞气蒸霞。
罗浮寒御,冷蕊香赊。
怀幽林静,抱玉窗华。
东君待发,红萼碧芽。
2019 年 2 月

饮一觞
潇潇风雨至,绿暗隐危墙。
聚散终常事,何不饮一觞。

冬思
冰花依朽木,落落憾琼枝。
风雨人间肆,云山隐相知。
茫然无所顾,举目尽飘离。
孤雁凄鸣绝,春风不展眉。

【清平乐】(李白体)小聚
暮卷新叶,绿影轻摇曳。清酒待温芳香冽,青蟹龙虾小碟。姐妹倚枕轻言,莫管闲事三千。抱上熊猫逗逗,明朝该是晴天。
注:熊猫是家中小兔。

【卜算子】迎春
迟日照轩窗，萼影迎春驻。寒峭新红晚霁霞，白雪飞空暮。
烟树隐新楼，再瑟清萧雨。醉眼相望笑旅愁，不问冬归处。

【如梦令】惊蛰（己亥年新春拈韵集其七笔字韵）
春暖花归薄日，月起晚灯影轶。歌慢黯乡音，犹忆旧年芬苾。
悠笔，悠笔，流落愁情谁述。

【暗香】梅雨
旧园尽碧。正晚春骤暖，松梢新密。六月草长，露缀枝头紫花泣。云暮蒙蒙酒冷，黄昏近、今朝难忆。梅子熟、路远江南，烟柳几时觅。
琴瑟。亦寂寂。望雨过燕回，故里无疫。广寒静谧。帘幕随风扰词笔。凉夜华胥梦短，千万事、归云无迹。霁色显、收雨意，柰香满室。
注：柰，茉莉花的别名。

【霜天晓角】小寒
璇花飞絮。寒夜听风雨。斜月照离人处。红曲酒，青竹箸。
楚楚。花尽去。不得归燕语。盼素馨争春了，层层绿，云山曙。

陶志健诗词选集

陶志健，麦吉尔大学博士。发表英文专著一部，英译学术著作和美术作品集各一部，英译诗集四部，汉译艾略特《荒原·情歌》、艾丽丝·门罗小说《出走》及《英诗汉韵》。商务印书馆《新华字典（汉英双语版）》（2021年）和《现代汉语词典（汉英双语版）》（待出版）主要英译者之一。诗词曾发表在《加华月刊》、《华侨新报》、《魁北克诗词研究会》网站、《当代诗歌地理》等报刊杂志。

二月吟

初春二月，冬意犹深。西南东北，乱象袭侵。
寒流处处，雨雪纷纷。诡谲气候，触目惊心。
单车起驾，旷野游巡。山川荒漠，日月星辰。
天地大象，人世浮尘。何当自处，有酒盈樽。

五月三日天气晴好，有记

晓云裂散，日出其间。清风徐徐，新草鲜鲜。
携妻乘兴，移步河边。车稀人少，空净气甘。
长河澹澹，苍穹蓝蓝。盘桓左右，极目云天。
返家余兴，置桌备案。小点茗茶，阳台后园。
鸟鸣耳侧，云渡眼前。灾情疫病，脑后如烟。
何当户户，同享此闲。环球共乐，舒爽天天。

茶村

京内多烦闹，一程回绿荪。
恰逢霖滴翠，江岸有茶村。

注：从京返温，翌日用茶于 London Farm。

寒江豪气

滚滚圣罗伦，隆冬起雾尘。
汪然何处去，恣意不由人。

漫步

忽告腹中急，凉风窜肚脐。
并三成两步，一泄百桩齐。

落叶

落叶泪湫湫，春心似未酬。
来年重护艳，何事自烦忧？

戏对范仲淹

未曾居庙堂，不晓庙堂事。
远处此江湖，且观彼趣世。

山池白睡莲

山乡隐碧池，莲睡罔人知。
静静萍间雪，婷婷水上脂。
淤污诚未染，芳土总相持。
槮作盘中玉，花杳复儿时？

山池黄金莲

鹅黄三两枝，仙子洗凝脂。
偶降青山麓，闲居幽水池。
晨听啼鸟早，暮看落霞迟。
自在萍蓬意，枯荣许四时。

对雪

好雪择时至，感恩白发翁。
昨宵礼暖意，今早落轻风。
游戏千重绿，流光万处红。
冬城不夜已，望尔舞长空。

题雪竹兄激流岛冬景

独行幽静地,缓步白银阡。
径侧石闲立,阶前叶几翩。
大河衔岸涌,银雪卧枝眠。
深处结庐卧,堪称世外仙。

布达佩斯叹须翁

链子桥头鹤发翁,飞车走壁气如虹。
胡须阻力何堪惧,敢向石狮论雌雄。

乌龙寨访旧时匪窟记

一柱悬垂云雾连,双绳吊挂远尘烟。
何方幽境堪离世,乌寨闲庭可渡仙。

四月,蒙城飞雪,温村樱放

妍红遍处忆西村,巷陌樱开几度春。
却见鹅毛窗外雪,人间四月叹难循。

山居雪早

霜枫残雪草幽青,小径弯弯入画屏。
来客何须将路问,彩虹洒地满前庭。

圣罗伦河寒烟

鹅毛滚滚疾如烟,一夜寒风冽似鞭。
世事降升终有道,银龙消尽是春天。

寒鸦戏水

忽见冰河起雾烟,遮天蔽日罩江川。
孤鸦无惧严冬冽,戏水云中犹自翩。

夏日偶书

葡萄美酒对龙虾,踏毕青山赏院花。
午憩啜茗琴一曲,此心安处是吾家。

秋游

池边杨叶初黄色,郊外枫林未见荣。
懵懂不知秋已至,犹将垂柳念春声。

看武汉封城人民奇招层出

抗疫隔离人未倦,新奇幽默直堪赞。
腾爬跳唱妙招多,何患病瘟不滚蛋。

雪林小桥

踏雪幽林现小桥。银装枯叶未曾凋。
何人对岸悠然卧,闲隐溪边远世嚣。

趣石赋

擦身屡过几多年,意趣纷呈却偶然。
岂谓天生无妙物,凭心入境可参禅。

登维谢格拉德城堡 其一

匈京塞上旅人稀,驿外驱车探故畿。
荒草萋萋山阔远,长河滟滟日斜依。
崖头危堡堪穷目,垣里颓城凭叹讥。
横看疾风吹展处,谁家曾竖霸王威。

登维谢格拉德城堡 其二

多瑙河湾阔,高原日月晖。
西风吹猎猎,草岭卧巍巍。
旧堡垣犹立,危城事已非。
遥思罗马帝,何事耀军威。

注:维谢格拉德(Visegrad),意为高堡,曾作匈牙利都城。

恭贺恩师高寿

沧海一珠润地天,九旬余二贺高年。
三番棒喝无纤骨,四处漂游有善篇。
五笔六横宣意气,七词八语道真禅。
放翁爽朗实堪叹,自谓糊涂听雨眠。

注:其年吾师巫宁坤九十二寿,寄我自述一首,依韵以贺。

圣雅克河荡舢板

悠悠一叶镜中行,云影霞光天水明。
芦苇参差排两岸,睡莲窈窕间波横。
白鸳苍鹭翅双舞,皓月残阳辉对迎。
且棹扁舟扬鹤发,怡然世外醉吾生。

陶志健

雪域踏春

湍河雪岸见晴空,碧水浮冰恣肆东。
隐隐江流输暖讯,幽幽芦草识春风。
枝头松鼠择时寐,涧里寒凫探雪融。
已是青龙昂首日,花开更待漫山红。

【沁园春】2016新年开笔,和韵紫云伟滨怀素

方惑温青,却迎瑞雪,凛冽苍穹。正迎新辞旧,冬来秋去;万千气象,恣意天公。紫气腾云,银装怀素,又见高天降玉龙。及回首,有莺歌燕舞,酒烈诗工。

兀然身陷樊笼。叹昼夜、奔西又撞东。念朋呼友唤,孜孜不弃;行间字里,切切情浓。新岁佳词,故人雅兴,更写华章换旧容。时不待,乘怡然古意,千里清风。

【法驾导引】上 Megantic 山,遇雾

千重雾,千重雾,漫漫不知君。一路蜿蜒穿不透,轻舟浮上九霄云。回首日光新。

【风光好】Kiwanda 海角

水阴阴,岸沈沈,白浪拍岩叹不禁,永恒心。
孤风断壁茫无路,谁曾渡?旋立崖头细细斟,畅声吟。

【踏歌词】寒江(拉辛激流深冬骤寒)

滚滚寒江涌,浓浓厚雾扬。云阴遮暗日,冰硕泛青光。汪恣向何方,伫立问苍茫。

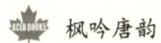

【闲中好】散居二首
一、弄清音
闲中好。弦上弄清音。意绪无旁骛，山泉流入心。
二、望晨雪
闲中好。醉卧何时晓。绮外天地空，惊闻雪枝鸟。

【踏莎行】晨雾
云漫堤沙，影迷津渡，故园望断无寻处。茫茫江水渺无痕，依稀寒雁双漂去。
残叶徐疏，微风独伫，遥怜烟霭驱清雾。唤来春雨荡穹霄，诗人更作斜阳暮。

【如梦令】赞武汉人民抗疫隔离奇招层出
对舞隔街约伴，吞吐汽车如饭。麻将套头搓，奥运床沿苦练。可赞。可赞。看我风流武汉。

【长相思】归
空一程，地一程，身向爷娘榻畔行，危楼暗影灯。
坐三更，卧三更，绿马河狻拼不成，倚窗寻启明。

【少年遊】西南行
孤篷万里向沙原。翻越数重山。大漠无垠，旅人泪下，迷惘问苍天。
荒蛮莫道生息绝，荆棘亦称仙。乌砾白砂，褐台赤壁，自古有炊烟。

王瑞文诗词选集

王瑞文,格律诗词曾发表在《山东诗歌》《当代诗歌地理》《华侨新报》《魁北克诗词研究会》网站等报刊杂志上。集成《王瑞文诗词集》。诗观:真情吟咏四季之歌。

秋吟

天长秋素，消暑露凉。风轻月碧，桂点金妆。
红衰绿减，蒹葭染黄。鸣蝉弱唱，去雁远翔。
枫林添彩，菡萏瘦装。果甜橙染，山舞霓裳。
沉沉禾穗，茁茁麻桑。登高极目，义气高扬。
闲庭品茗，对语星光。洪波万里，彼岸芸香。

秋雨

西风携雨过，满地落红黄。
雁去声飘远，凭阑自感伤。

落叶

随风飘荡远，华丽去难违。
残骨何须悯，留根复可归。

元旦

黄历已翻尽，新诗上雪穹。
红樽斟又满，祝愿在其中。

入冬初雪

琼花悠漫舞，四野着银装。
润泽皑皑处，茵茵依旧藏。

雪霁

凝眸雪幕宽，银海接云端。
胸臆当舒畅，晴光好去寒。

立冬

初冬复暖阳，入目似春光。
翠草镶黄袂，芦花伴绿装。
黑鸦勤起舞，鸿雁未归乡。
还有几时好？游凫戏水忙。

金秋

去雁舞苍天，浮云出远巅。
菊姿幽小院，枫韵缀山川。
禾谷垂金穗，枝条弹果鲜。
歌吟龙啸傲，欣喜庆丰年。

芸香夏日公园雅聚

邀约聚芸香，家家馔味尝。
洋文翻古韵，例句逐篇章。
茶酒绿荫醉，笑谈青碧扬。
不闻园外事，独此好时光。

秋雨

风携细雨扬，情切染红黄。
碧草侵枯色，高枝绘彩妆。
陋居书卷展，案几旅思长。
润笔临窗景，嘘嘘品茗香。

寻菊

寻遍野乡为菊痕,偏收红叶画秋魂。
回程栉比楼台处,有簇娇黄染色纯。

秋景

秋风泼墨绘斑斓,我踏青山入画间。
妩紫嫣红迷彩路,仙宫倩影落清湾。

落叶

寒风又扫满山黄,落叶纷飞逐梦翔。
莫叹红尘无定处,入泥归根又何妨。

残秋

丛林厚叶地铺金,秋印碧湖七彩侵。
美景犹迷南去雁,尽情嬉戏忘归心。

初雪

寒风一夜入冬令,飞絮漫棂窗早明。
雪卧亭台庭院净,远山近树尽晶莹。

大雪

鹅毛弥漫鸟无踪,树杪房檐覆白茸。
喜看车流掀雪浪,依窗品茗赏银冬。

王瑞文

寒梅
迎风卧雪用心开，素颊柔脂天上来。
为促春花迎日绽，洁身何嫌入尘埃。

蒙城冬至
寒侵天地雪飞扬，入目晶莹透澈光。
旷野冰封深几尺，大河难锁奔西洋。

雪暴
惊炸气旋暴雪扬，迷蒙天地入洪荒。
蹒跚车辆人蠕动，隐舍雕诗舞墨香。

雪霁
乍停昨夜雪狂飘，晓日晨辉映处娇。
万里茫茫连汉碧，银妆恰似落琼瑶。

初秋
清风拂面已秋凉，月夜虫歌似乐扬。
一队孺鸿嬉戏水，但丰羽翼备南翔。

闲钓（一）
半日偷闲忘世尘，千钧线挂拽心神。
休言水阔无鱼过，当有一钩钓锦鳞。

闲钓（二）
杆动心惊喜钓翁，悠牵草鲤跃当空。
野凫斜目窥鲜味，笑叹贪怀一命终。

秋夜感怀

秋风潜夜案书凉,篱菊迎窗送暗香。
阶下虫声吟旧梦,分明入耳是离伤。

秋凉

红枫紫蔓舞霓裳,画卷缤纷漫野岗。
鸿雁唱鸣头上过,微风习习送寒凉。

秋韵

秋风掠过送清凉,树影婆娑点紫黄。
巧手谁人施粉黛,漫山尽是美娇娘。

秋游

缤纷落叶扮山妆,望断征鸿一行行。
未觉秋深时又逝,醉依枫树忘寒凉。

秋逝

鸿雁望中声去远,西风催木立寒鸦。
小园残叶何堪读,犹记那时一地花。

酒

悲欢成败怎相酬,入地登天何寄州。
细品人间多少事,无不把盏做由头。

王瑞文

七夕
乞巧悠闲对孟秋，当今谁待做衣愁。
少年戏笑先人事，邀约何须待月钩。

赞战友书法家刘占平
舒怀挥洒墨飘香，经久雕磨砺聿芒。
字润风姿潇洒意，情缘依旧水流长。

送别
酒满香杯欲诉情，别离难忍泪花莹。
长途此去风帆顺，万事畅通谨慎行。

农场乐
菜青豆绿摘几筐，抛入炖锅滋味香。
美景入诗添野味，品茶斗酒笑声扬。

乘客机
扶摇直上如鹏鸟，足下山川风景小。
举目碧霄寻玉宫，瑶台阆苑浮云绕。

江南游诗组
一，枫泾古镇
枫泾争战戟刀休，溪水逝流吴越侯。
亭子留春千古立，轻舟日暖荡悠悠。

二，访三国城
故事千年成咏叹，纷争多少已成空。
长江辗转东流去，绕得青山郁郁葱。

三，夜逛秦淮河
灿烂灯光烁照纱，清波旖旎岸边哗。
游人云涌繁商铺，水上街中织阆葩。

四，无锡游思范蠡
辅佐君王权在握，精明隐退记当时。
植桑织网济黎众，佳话后传可谓师。

五，夜游苏州
一览长河水墨天，灯光照影不思眠。
胥门谁记冤魂重？逐浪欢声入客船。

回国之一，归程
万里归程意欲飞，心随晓日共朝晖。
故乡当是原先路？旧址何从景象非。

回国之二，青岛雪景
漫舞飞花幽碧琼，家山素裹玉妆成。
迷蒙天海无穷际，雪岸徜徉听浪声。

回国之三，回家(青岛)
夜半天蒙卷朔风，车如流水舞长虹。
徘徊何处故居在，楼入苍霄遮眼空。

回国之四，夜宿老宅
夜暗风清传犬吠，晨曦月淡有鸡鸣。
经年有梦故园住，昨夜团圆已了情。

回国之五，古槐
粗围叶茂有精神，历尽春秋濡染尘。
莫辩何人何载种，相传久远是仙身。
　　回国之六，古槐
傲然挺立浴风尘，尽看沧桑历变沦。
利禄功名皆粪土，爷孙树下说新春。
　　回国吟之七，寻故地
春风洗面荡清寒，故地徘徊细探看。
不见儿时阡陌巷，高楼栉比入云端。
　　回国吟之八，游老虎滩
游兴难离水岸边，樯帆满挂待行船。
当年虎影无踪迹，唯见浪排涌向前。
　　回国吟之九，游金石滩
缤纷重彩描奇状，海映蓝天波卷澜。
娲母曾经遗此石？还疑苍宇落金銮。
　　回国吟之十，游少山(城阳)
催花桃李溢芬馨，幽谷绵延绘彩屏。
疑是陶翁耕种处，又如迷路入瑶庭。

　　过年诗组
　　一、捞陈饭
陈粮煮饭起炊烟，施舍往来各路仙。
祈祷新春行大运，囤盈五谷富连年。
　　二、除夕上坟
恭请祖先行墓地，燃飞香纸九霄萦。
祭坛供奉磕头拜，佑护子孙福运亨。

三、除夕守岁

夜半钟声旧岁除,燃鞭炮竹上诗书。
阖家相聚何其乐,试看明朝谋亘舒。

四、接财神

预计关公艮位行,快鞭发马敬相迎。
漫飘烛火仙光耀,拜祷新元财运亨。

五、拜年

未晓天光人已行,长街荡漾拜年声。
接肩童叟成长阵,裙袂佳人笑意盈。

六、送年

鞭炮再鸣烟火红,何堪两日去匆匆。
遗风千载延今世,最是欢娱当小童。

七、闹元宵

龙腾狮跃戏连连,歌舞旱船乐震天。
捧碗元宵恭奉月,天涯此刻拜团圆。

八、走亲戚

节后访亲舅在先,姑姨挨拜贺新年。
佳肴美酒半酣醉,此意此风悠久传。

九、十五灯会

街灯闪烁连银汉,海市星楼入九霄。
似锦繁华无尽处,人流不夜乐逍遥。

十、十五海云庵糖球会

爆满长街人鼎沸,方圆十里溢香甜。
古庵千载海云寺,悦尽兴衰品凉炎。

王瑞文

华夏游组诗

一、京承高速
山涧飞虹桥复洞，如龙盘绕岭云间。
曾经古道帝王路，一月行程半日还。

二、承坝高速
入涵过涧至峰前，路转欣逢一片天。
沟岭远望无尽处，山坳深壑见炊烟。

三、承德避暑山庄
山坳林荫蔽高墙，酷暑难侵享静凉。
昔日帝王休养地，如今游客笑声杨。

四、坝上风光
气爽云轻风送凉，山川起伏近天堂。
溪流曲折水清澈，鸟唱蛰鸣鹰队翔。

五、九华山
游云迷雾九峰连，寺庙隐浮山谷牵。
礼佛铜烟闻道黑，供香此处不要钱。

六、黄土高原
丘岭连成浪，难为乔木长。
虽然雨露稀，寸草犹青壮。

七、塔尔寺
梵音飘碧宫，信众烛燃红。
去躁六根净，菩提绿荫隆。

八、朝圣者

行路过千里,步移一叩头。
为朝佛圣面,万苦不言愁。

九、青海湖

白云连碧水,微浪荡涟漪。
王母梳妆镜?当疑降玉池。

十、青藏高原

绿草覆丘野,浮云绕峻山。
悠闲骝肆意,舞起蝶斑斓。
楼廊非边外,玉门成内关。
已无刀剑影,潇洒画中间。

十一、西藏南迦巴瓦峰

半挽罗纱面半遮,玉妆耸立入云霞。
寻来只为真容面,烁烁金光浴衣裟。

十二、雅鲁藏布大峡谷

青岭玉峰连碧琼,浓云薄絮舞轻盈。
群山四面巍然立,入目骄姿尽峻嵘。

十三、成都印象

火旺汤红声鼎沸,新鲜采耳入乾坤。
从来蜀郡多贤士,曾醉诗仙传世尊。

十四、蜀道

山高路曲走云端,地府天堂几旋盘。
昔日难行茶马道,而今驰骋畅无拦。

十五、九寨沟

重山峻岭尽斑斓，迭瀑连池翠玉环。
碧水潺潺飞雪下，瑶琴一曲透林间。

十六、黄龙

泻碧流金玉带驰，游龙浩荡舞涟漪。
宽溪细浪飞奔下，瀑布环层处处奇。

十七、浅游重庆

游云薄雾罩山城，轨道穿楼连厦栋。
拜谒红岩烈士碑，闻听一曲红梅弄。

十八、白帝城

白帝城中无白帝，桃源兄弟住高堂。
骚人墨客多光顾，纵发豪情留华章。

十九、三峡

幽泛轻舟犁细浪，夔门一入几山障。
激流湍险无寻处，唯见平湖旖旎妆。

二十、三峡水库

自从高峡出平湖，巨舰通渝变坦途。
告慰伟人还宿愿，巫山神女亦惊殊。

廿一、张家界

玉笋扶摇入碧烟，将军列阵帐营前。
成林石柱擎天地，似絮云霞绕岭川。
拨动心弦青鸟唱，飘遥思绪暗香缠。
琼瑶此界何时落，醉引痴人跃下巅。

廿二、天门山

山壁开门洞，拾阶登上天。
白云飘峡谷，红日照峰巅。
开悟寒宫语，琼晖皓月烟。
半空凋碧树，原野满青川。

廿三、黄果树瀑布群

横崖断壁上云巅，直泄银河下九天。
彻响雷鸣山谷震，狂流雪涌涧溪涟。
清潭透碧浮犀影，翠瀑抛珠汇玉泉。
曲径闻香黄果树，坡塘抚弄月瑶弦。

廿四、千户苗寨

九回盘转越高山，翻岭过河三十弯。
曲道蜿蜒迷尽处，娇花妩媚荡悠闲。
阁楼层迭歌声亮，溪水清涓人影潺。
长桌宴香笙乐伴，蔽荫桃绿响云鬟。

金秋

熏风已过是秋凉，田野山川染彩妆。
露下虫鸣声急促，枝头雀唱闹争狂。
谷禾田里累盈满，瓜果园中硕溢香。
又是园中收获乐，阖家尽赏喜洋洋。

秋凉

未曾细品夏滋味，刹那西风又送凉。
天阔云稀无尽碧，林幽卉败总堆黄。
大河涌浪孤帆去，野黛荒芜群雁翔。
身与春秋轮转过，望中璀璨又斜阳。

航协、华社邀登山赏枫

结朋携友赏秋枫,共话乡音漫叶红。
山麓暖阳融彩幻,峰巅淡雾拢苍葱。
悠然画卷延天际,遐迩鸥鸣入碧穹。
黄绿赤橙谁执笔,相逢美景醉情隆。

新岁

悦耳钟声报晓扬,遐思送月任邀翔。
紫云荏苒朝霞美,旭日升腾新运祥。
莽莽冰河妆盛景,皑皑瑞雪映辉光。
万般心愿乘新岁,一路清风逐曙光。

雪

卿居瑶阙素娥身,今落凡间洗秽尘。
飞下高天揉骨碎,润滋野陌寄心仁。
修妆枯树贴华玉,巧扮琼枝簇素银。
暮里街灯盈碧月,金晶烁耀夜纷缤。

【少年游】仲春驱车游

仲春依旧雪皑皑。冰冻覆庭台。寒封大地,西风凛冽,愁绪几何排。
闲情不惧崎岖路,放眼展胸怀。林深人家,霭霞紫陌,鸿雁远方来。

【踏莎行】晨雾
飘渺垂纱,清寒笼雾。水遥天阔无帆渡。野凫嬉戏影难寻,鸿声淹没蒹葭渚。
残叶凌空,枯枝涵露。探幽阡陌迷思路。野花野草自陶然,风斜柳眼幽堤树。

【一翦梅】彩灯夜
入夜长街焰火飘。繁星当头,皓月枝稍。楼台灿灿簇琼霄。玉树银花,天地妖娆。
踏雪探幽酒肆嚣。霓彩旋腾,摇滚声高。寒城簇暖乐逍遥。夜漫更深,人动如潮。

【南香子】开江
浪涌河开。封冰万里叱咤来。
铁马金戈无遏障。狂荡。一路高歌天地响。

【长相思】荷塘
荷叶鲜,柳叶鲜,青碧浮烟叠翠颜,馨香溢岸边。
水潺潺,意潺潺,共对星空新月弯,彩丝幽梦连。

【踏沙行】(晏殊体)深秋
露重霜莹,星明月皎。几声鸣雀随鸿闹。两三落叶敲轩窗,旧诗翻尽情思了。
奄奄青萍,凄凄黄草。寒风总把秋花恼。何时飞雪覆芬芳,冰心一片澄光照。

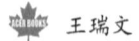王瑞文

【浪淘沙令】（李煜体）晚秋玫瑰
枯草挽残秋，蜂蝶魂休。披霜孤立不言愁。纵使西风凋落叶，抱艳枝头。
昔日媚娇柔，馨逸香流。玉蝉影下醉情稠。不畏春消时节替，姿韵仍留。

【沁园春】蒙城逛庙会
高挂红灯，锦簇鲜花，节庆庙场。看雄狮欢跃，云天威震；巨龙腾舞，河海清扬。舞步轻柔，歌声婉转，天籁清调久绕梁。旗袍秀，叹多姿婀娜，古韵华章。
唐风涌动华堂。欣喜见、文明源远长。又琴弦优雅，墨痕洒脱，彩杯茶茗，小鲜烹香。域外传承，家音延续，已把他乡作故乡。抬望眼，有英才济济，展翅翱翔。

【鹊桥仙】(欧阳修体)七夕
遥望星汉，鹊桥飘渺，欣喜两仙又聚。风流韵事传千年，几戏笑、倾心细数。
令传王母，天规惹怨，法网阴森休怒。柔情似水总难圆，试把那、人间重度。

【采桑子】元宵节
烟花竞放神州节，嬉气洋洋。嬉气洋洋，欢度元宵祝吉祥。
寒隅举首邀明月，酒盏盈香。酒盏盈香，尽是牵魂绕故乡。

【满江红】(岳飞体)贺聚会

戎旅情深,把酒忆、听号岁月。千里眼、洞穿空海,顺风闻阔。飞鸟荧屏无遁过,游鱼镜里难逾越。紧绷弦,日月舞刀枪,城池铁。

霜侵鬓,丝落雪。容颜改,风刀镟。享儿孙膝绕,举家欢悦。逸致墨香幽志趣,闲情书卷涵诗阕。居田园、未敢忘家山,初心切。

【酒泉子】儿家小住(毛文锡体)

客也主乎,亲自下厨烹美食,舍居动手扫灰尘。乐躬身。

小童稚气享温存。入夜儿歌陪好梦,残星晓月始忙晨。至黄昏。

【谒金门】(韦庄体)立冬(一)

立冬到。渐觉风寒料峭。野外徘徊风景好。小花依绿草。

举目倾心远眺。云似皑皑雪皎。夜雨勤来尘垢扫。陌间红叶俏。

【谒金门】(韦庄体)立冬(二)

冬又到。霜重叶残木老。松鼠忙寻储食窖。群雀林中闹。

将至冰封银皎。刹那西风狂啸。何虑生灵惊雪峭。寻觅防寒道。

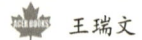
王瑞文

【减字木兰花】三宝山寺秋游
晨行雨霁。临寺天开云旖旎。佛乐清扬。彩画丛林拜道场。
接肩众访。礼供香燃飘绕上。祥瑞盈盈。顿觉超尘身自轻。

【诉衷情】（晏殊体）登高俯瞰秋色
丹枫万里染山川。满目尽斑斓。翠湖如画点缀，白絮荡青天。
田圃绿，密林环。碧空宽。钟声飘渺，缭绕琼霄，此是人间？

【临江仙】（贺铸体）观禅画有感
泼墨挥毫山水秀，横舟夫子垂竿。青藤果串露红颜。径斜绕草舍，幽涧起云烟。
杂念难填勤努力，还求圆满平安。何须参拜庙三千。抛开凡俗事，赏画可随禅。

【风流子】（孙光宪体）落叶
何奈随风落去。依旧缤纷彩缕。旧岁月，化尘埃，大地终为归处。
无许。无拒。来岁嫩芽新吐。

【南乡一剪梅】（一）同乡聚会
相聚乐融融。异域交谈语调同。握手寒暄轻问道：他也山东，你也山东？
歌舞惹腮红。喜笑欢娱美食丰。把盏盈盈欣感叹：乡味真浓，醇味真浓。

【南乡一剪梅】（二）同乡聚会
相约聚秋园。美味盘盘自带鲜。老幼欢声频起舞,情醉红颜。酒醉红颜。
谐趣在人间。别去斜晖火色燃。过雁鸣啼惊落叶,眸过栏杆。心落栏杆。

【鹧鸪天】(晏几道体)青岛夏天
碧水清波日日旋。游人踏浪肆情燃。和风摇曳鸣鸥舞,阳伞翩跹玉影闲。
风浸榻,夜披棉。静观紫气破空悬。放怀瀚海看潮信,把盏清茶品淡然。

【望海潮】胶州湾
崂山东屏,珠山西障,拱围三岛繁华。遥岸架桥,银珠绕项,畅通天堑无枷。潋滟水清嘉。碧波涌浩渺,远上云霞。偶有蓬瀛,蜃楼幻化见人车。
千帆逐浪飞花。看横舟钓叟,夕照杆斜。炉火夜烹,觥筹盏满,兴隆十万商家。环路海湾遐。灯彩连霄汉,广宇披纱。好景还添美味,滩阔自宽赊。

吴晔诗词选集

作者简介：吴晔，格律诗词爱好者，学习诗词多年。格律诗词曾发表在《华侨新报》《魁北克诗词研究会》网站等报纸网络上。集成《吴晔诗词集》。

灯光节

华章期盛宴，夜幕笼蒙城。
火树连星汉，银屏耀彩旌。
雪随尘客步，歌入管弦声。
回首阑珊处，蟾月伴归程。

沙漠玫瑰

虚窗映白墙，性本爱晴阳。
春色怜娇杏，秋容比海棠。
悠然知我意，淡泊为谁芳。
漠漠风烟外，行云一顾望。

雨后

雨后尘埃静，澄空无片云。
池平鱼戏水，叶润玉生纹。
草色粘天碧，红香迷茜裙。
愿为西苑景，长驻待吾君。

秋江晚眺

逝水正扬波，秋深复几何。
烟轻横玉带，霞暖醉颜酡。
多景如相借，芳时忽已过。
临流展眺瞩，楼宇尽嵯峨。

寒夜

今夕为何夕,寒更夜未央。
拈来窗外月,簪作鬓边霜。
漏箭无休歇,乾坤正渺茫。
相居两不厌,陋室隐书香。

雨中花

云幂雨蒙蒙,珠穿晓露丛。
叶犹浮翠绿,花已减春红。
但使曾蹰足,何妨类转蓬。
烟霞如见恋,千里谢东风。

盆栽唐竹

君子寓明堂,云山可暂忘?
相逢如故旧,深晤待更长。
韵度潇湘远,心随翰墨香。
月移疏影壁,挥洒写词章。

春日

举目见瑶山,似闻流水潺。
车驰心不竞,景换意犹闲。
芳草浅深处,纸鸢高下间。
春风春日里,骀荡柳纤绵。

冬思

严冬亦有情,景致小窗横。
素手梅妆试,新诗笔底生。
红炉燃暗夜,白雪映天明。
四季循更迭,莫为物候惊。

嘉兴月河

曲水绕城西,石桥杨柳堤。
流连光影幻,穿越古今迷。
樽酒相交错,楼台共赏携。
笙歌泛永夜,段段染红霓。

疫情三首

一 雷火动春时

福祸总相随,当年庚子辞。
从来天下乱,只为个人私。
楚地连阴雨,终南出圣医。
瘟神何欲往,雷火动春时。

注:2020武汉疫情爆发,一个月内建成雷神山火神山两座医院。

二 新来 次韵

新来寒雨至,春气宛如秋。
檐滴千行泪,风言一段愁。
时灾难断绝,何物可舒忧。
守得云开日,微躯更复求?

三 居家

居家过月半,时节已清明。
雨沥风难歇,春迟草未生。
钟疏传古寺,云黑压空城。
尽日唯耽酒,坐闻消息惊。

雪

玉龙鏖九天,麟甲散云巅。
人共程门立,鹤归华表旋。
观花梨在蕊,咏絮柳飘棉。
羽信凭邀约,梁园待续篇。

冬至

难遣乘游兴,终朝为底忙。
从教梦亦浅,渐觉日方长。
节气催寒暑,诗歌咏雪霜。
新醅浮绿蚁,娇耳正初尝。

题粉笔画

绢宣诚贵重,粉笔寸犹长。
随手摹风物,潜心得法章。
瓶珍知美酒,罐阔想饴糖。
不为名青史,拭之应未妨。

听悬疑小说《天师寻龙诀》

德护天医主,龙寻古帝王。
悬灯期子夜,捏诀断阴阳。
业力循循果,慈悲敬庙堂。
虔心存善念,修道本无方。

冬雨

风驱寒雨洒,云幕黯天垂。
倦鸟栖何处,疏林无静枝。
且将愁万点,化作晚生涯。
冰雪为谁热,月轮明洁时。

注：尾联化用纳兰词"若似月轮终皎洁,不辞冰雪为卿热。"

听玄幻小说《武炼丹尊》

繁世机缘降,少年争砥流。
至尊凭造化,快意斩恩仇。
剑演星辰动,丹修神鬼愁。
天涯飞宝镜,笑隐大刀头。

注：大刀头即刀身,刀身上有环,环通还,意还归也。

约友秋游

长雨夜兼晨,晴阳期转轮。
西山添爽气,秋日胜初春。
黄菊月融色,丹枫霜染身。
相邀同美景,之子念将频。

榕树盆景又依前韵

帘幕卷清晨,金辉洒日轮。
妆成一树碧,韵得几分春。
池畔生幽草,梦中渡此身。
依稀曾过往,蝉唱也频频。

立秋

暑热蒸熏久,骄阳日日晴。
金乌生九翼,后羿隐高名。
喘月吴牛卧,栖枝蝉翅鸣。
薄衫衣觉重,密树影犹轻。
秋节倏然至,凉飙御剑行。
荷塘过雨急,云气顿时清。
篱落花无色,苔阶叶有声。
纱橱怜玉簟,柳絮化浮萍。
幽砌寒螀咽,孤鸿万里征。
子渊哀草木,张翰思莼羹。
对景缠绵赋,向人旖旎呈。
浮云游子意,流水高山情。
相约故园友,驰过残照城。
晶盘罗晚宴,美酒满觥觎。
闲话寻常事,关怀如弟兄。
知音存海内,鸥鹭证前盟。

淄博烧烤城

千载于今忽著名,春秋五霸旧都城。
殷勤远客齐奔赴,畅适全程自在行。
市井繁华烟火密,道谊珍重利功轻。
非干美食真添味,良策从来益众生。

观全红婵2023蒙特利尔世界杯跳水比赛

日长初夏绿荫浓,场馆人潮知几重。
翻转英姿学海燕,卷舒清水出芙蓉。
经年磨剑唯坚持,成竹于心且放松。
临睨跳台高百尺,还如名将立山峰。

乌镇印象

竹柳欣欣管送迎,四时南国不分明。
通幽石径之何处?揽胜仲冬游古城。
鸳瓦栖檐凝夜紫,关雎戏水弄新晴。
翩翩公子登楼赋,翠袖花前正抚筝。

二手玫瑰

吉他唢呐共和弦,妩媚妖娆花袄穿。
秧歌小调承东北,萨满巫师跳大仙。
昨夜星辰昨梦幻,正人君子正缠绵。
神魂颠倒不回念,我要开花非偶然。

注:二手玫瑰是中国内地摇滚乐队。昨夜星辰、正人君子、神魂颠倒、不回念、我要开花、偶然,是歌名。

吴晔

滨城

鳞瓦参差分九衢，高楼缺处补青芜。
日沉墟集犹歌舞，节至人潮困转输。
绿晕红裁三月好，山围浪涌一城孤。
萧斋闲倚堪怡乐，何必扁舟泛五湖。

万圣节

暗月笼街夜色临，潇潇落叶影相寻。
伛巫魔法真言吐，杰克瓜灯笑意深。
不怕虚空存怪异，只因世道变人心。
儿童欢喜乔装扮，扣户索糖俱以忱。

Happy Canada Day

大纛高牙望欲遮，人潮浩浩载香车。
升平歌舞酬佳节，觞满钧天醉九霞。
百岁丹枫红胜火，千年故国丽如花。
仗归金阙浮云外，惟见楼台晚日斜。

丁香

嫌怨凝愁画阁东，天真不与粉妆同。
渐随触目芳花乱，犹觉隔帘香馥融。
飞絮游丝萦紫陌，朝云暮雨滞晴空。
欲题好句留伊住，莫共风飘万点红。

鸽子

应与春花秋叶期，晴舒双翼逐朝晖。
四围雪暗留泥爪，天际云颓湿羽衣。
行客往来犹未避，悠然觅食无心机。
懒学燕雀枝间戏，不语忘言少是非。

菊花

暂写关怀向菊花，曾无绝代也芳华。
插瓶还与书香伴，栽院真疑陶令家。
翠冷红酣何寂寞，幽居淡彩自生涯。
唯留清景人间驻，不用南来北客夸。

中秋二首

其一

穆穆金波匝地流，年年好景是中秋。
风移树影霜犹白，露湿桂花香愈幽。
一夕玉轮开霁魄，千家笑语动神州。
广寒清冷罗衣薄，谁与芳樽共令筹。

其二

乍起金波月一轮，九天风寂黯星辰。
初开奁镜先留影，时拂心台不染尘。
尚有高堂临绮席，岂无樽酒致嘉宾。
几番清梦空追忆，未若嫦娥顾也频。

咏月

眉弯初见已成痴，何况清宵独对时。
折迭冰笺和梦寄，飘零心事落花知。
云随汉女归环佩，竹拂湘灵歌楚辞。
一样星辰一样夜，几人凝望费相思。

扶桑

红妆初照比玫瑰，一树扶桑寂寂开。
惟有暗香盈翠袖，应无屐齿印苍苔。
行云起望前山去，载酒还移月影来。
记得年时花下约，西风何事更相摧。

水舞秀

歌管泠泠趁绮弦，霓裳舞出万重泉。
云昏树拥星垂野，水漾波连霜满天。
潜海鱼龙眠未稳，排空光焰自回旋。
飘摇清影渺难即，且付遐思与夜烟。

浮生

浮生长是欢娱少，好梦从来容易醒。
素月分辉光影错，汐潮堆雪海风腥。
江南物美非吾土，虚室灯昏掩画屏。
压枕离愁拂不去，伤心岂独劳劳亭。

圣诞节

北极仙翁挽鹿车，铃声迢递出关初。
蕾开兰室香凝半，月上松窗影动馀。
虚拟金樽红烛宴，竟疏欢笑故人居。
倩谁一曲参差玉，谱入平安慰倚闾。

咏雪三首

其一

也无华叶也无依，摇落暄妍共此时。
举眼风光花寂寞，伤情词客梦参差。
三春心事凝冰蕊，万里星霜掠鬓丝。
不遇梅边吹笛韵，人间漂泊欲何之。

其二

玉蝶翩翩高下飞，清寒漠漠到庭帏。
求仙白鹤山中去，咏絮佳人月下归。
风际平林淡入画，梅花院落冷侵衣。
多情不解无情苦，盈手匆匆愿已违。

其三

碾冰为屑玉为尘，和雨和风扰梦魂。
自是无心凋木叶，应知有意覆莲根。
寒侵塞外丝弦冷，云卷空街夜气昏。
君亦远红尘里客，飘零且共曲中论。

雪

洒洒飘飘天上来,琼花只合在瑶台。
诗朋雅集梁园赋,俦侣堪怜咏絮才。
皎皎白光辉日月,漫漫云锦覆亭台。
一支横笛倚香雪,吹彻寒梅次第开。

斗酒 次韵

酒入豪肠意气生,胸中丘壑自纵横。
羲之醉墨传千古,太白金樽邀月明。
沧海一泓杯底泻,碧城万里御风行。
仙方暂得脱凡骨,唯恐琼浆满未平。

悼同窗

其一

苍天何意妒英才,噩耗惊闻心折摧。
效力经年喜达屋,安冥今日莲花台。
博学直取真情性,谈笑旋倾数酒杯。
异路凭棺成永诀,唯余泪墨寄千哀。

其二

苍犬浮云换碧穹,依山残雪未消融。
菊花笼雾寒成阵,黄土堆愁泪溢瞳。
神鬼三生皆梦幻,风烟四野悟禅空。
魏珠难买流年住,白蝶灰飞绕棘丛。

老爸生日快乐

酒盏晶盘尽所承，华轩高烛待亲朋。
江流东海龙鳞动，天接南山紫气腾。
筋骨还期苍柏健，寸心犹似玉壶冰。
麻姑献寿蟠桃宴，为祝家翁福泽恒。

桃花

小唇笑靥露桃花，在眼惊春已发芽。
秀色浮香相料理，晴岚暖日渐交加。
潘郎故旧知何处，伯虎当年醉九霞。
一点芳心应认取，还凭驿使寄天涯。

白玉兰

烟脸晕酥新亮妆，旋开旋落画桥旁。
借来梨蕊三分白，更着梅花一段香。
抱影凝情当迅景，鸣禽按曲共斜阳。
熏风教见尘埃外，占断春阴是此芳。

挖野菜

新泥雨润待晴天，趁采春芽步陌纤。
珠露莹莹衔草叶，金簪朵朵荐家筵。
还宜清水汤文煮，更喜淡盐油薄煎。
整顿乾坤贤者趣，寻常茶饭了无牵。

渥太华郁金香

谁铺锦绣隔喧尘，一束花开一束春。
弦外诗篇穹底画，云间宫阙梦中身。
环妃醉酒芳林苑，西子浣沙烟水滨。
拟约明年同胜赏，东风与我最相亲。

虹桥晚望

信步虹桥意若何，垂杨临路影婆娑。
环城灯火千家市，掠岸风烟万顷波。
如寂如喧花满树，相亲相近鹭盘涡。
芳醪春日堪沉醉，未若浓浓月色多。

听歌《I DO IT FOR YOU》

剪水明眸横信波，心湖摇漾梦轻捼。
无边光景春方好，醉我琴音酒未多。
秦镜玲珑窥碧玉，轩窗窈窕望星河。
清歌一曲排云上，十里桃花策马过。

晨景

红白花开值晚春，紫黄蛱蝶舞裙新。
云鸥想见双飞翼，树鼠贪吃不避人。
晓日烘晴宜睡美，榆钱满地岂援贫。
单车驰过林荫道，只染花香未染尘。

听歌《凉凉》

夭桃几日吹红雨，我见犹怜却粉妆。
待写幽怀凭宝瑟，应知顾曲有周郎。
三生三世度尘劫，一叶一花盈手香。
陌上杨丝堪揽结，洞天烟月湿流光。

晨游滨海路

片片飞花减却春，一番光景一番新。
可怜行客眼中雾，吹作长街足下尘。
纵有三山云海外，难离故土水之滨。
烟波涌处闻鸥鹭，卓尔翩然未易驯。

夏至

曲岸高低向我行，横塘涨雨镜初平。
花开昨日春方在，夏至今朝节序更。
浮鸭栖迟知冷暖，莲心眠醒不分明。
池亭一角堪沉醉，添得鹩哥三两声。

辞家

行媵束却别家门，漠漠秋阴似夕昏。
雨送离人劳怅望，风回下泪且珍存。
魂牵万里前尘果，梦入何年旧夙根。
彷佛桃源无觅处，浮生所欠只亲恩。

阿里山

阿里山中云气涵,群峰缺处水挼蓝。
石阶对列四方竹,宝镜双开姊妹潭。
络绎游人如约至,蜿蜒天路拟重探。
向阳花树知春早,桧木高擎碧玉簪。

咏秋

轻云暖絮想衣裳,卷地西风秋叶黄。
尚有亲朋关冷暖,曾经世事识炎凉。
重阳佳节诚期许,孤鹜断鸿实感伤。
满袖寒香天欲晚,东篱把酒亦清狂。

迎春花

迎春催暖见容光,锦缎初裁小蕊黄。
浩浩东风吹倩影,曈曈晓日映新妆。
未随高士山中卧,不羡海棠深院藏。
直是路边开热烈,清香细结意悠长。

咏圆葱花

绿衣仙子下凡来,无意娇羞比白玫。
圣洁芳心犹抱雪,晶莹玉指未沾埃。
舞飘袂举因风至,水照波凌待月回。
相谢相怜居陋室,加餐更祝琉璃杯。

杜鹃花

人间芳树千般好，偏爱杜鹃红烂漫。
拟约同游花下醉，还宜独坐两相看。
笼烟凝翠怜幽草，映日堆霞胜牡丹。
望帝春心啼血托，谁言离合是悲欢。

白郁金香

绿蜡芽舒香雪藏，何须浅紫与深黄。
栖迟白蝶春风度，裁剪冰绡玉尺量。
冉冉年华浮色界，匆匆花事在他乡。
捧心西子终堪比，日影还移映石墙。

无题 次韵

安得逍遥寰宇中，诚知色相亦虚空。
天边晓日金轮满，海畔仙山露草丰。
花谢花飞人易老，春归夏至道无穷。
诗禅起坐谁相和？青鸟殷勤鸣翠桐。

缅怀白求恩

仁心医者白求恩，事迹高标青史存。
共助九州停战祸，兼行万里别家园。
先驱圣火应传递，寰宇和平需走奔。
罂粟花开凝夜紫，潇潇枫叶忆英魂。

吴晔

街边公园

郁金香发锦离离，正是园中多景时。
断续弦歌何处听，斑斓光影花间移。
秋千蹴鞠儿童戏，老树斜阳先哲碑。
日日相过如有待，临风为汝一裁诗。

农场三首

一 赏荷

秋从夏约赏风荷，想象轻舟出碧波。
西子浣纱凫雁落，宓妃凌水管弦和。
经霜茎叶身应直，历岁藕根丝亦多。
明镜心台曾未语，拈花一笑意为何？

二 摘菜

春归未觉已秋来，往日情怀不可追。
广野畦畛图画展，酒朋诗侣阙歌裁。
豆藏四季添余庆，喜报三元荐俊才。
逃却繁华应有地，东篱丛菊待新栽。

注：豆藏四季指四季豆，西红柿古称报喜三元

三 聚餐

分茶猜句且相娱，车马驰来长短途。
自是文人期雅集，何妨君子近庖厨。
饼糕文火匀金色，蔬果倾篮沾露珠。
欲荐晶盘惊四座，尝鲜此日赖吾徒。

ANGRIGNON 公园睡莲

影动池塘霞散绮，光浮林表欲和烟。
三千珠翠临仙苑，一曲琵琶忆小怜。
镇日无暇凡种种，新妆未及看娟娟。
芳时已过微余恨，胜赏相期待隔年。

题秋林丹枫图

谁遣熙熙造化功，浓金重彩染丹枫。
还留暖日三分白，借取春花二月红。
山远天高馀画外，千枝万叶岂雷同。
何须宋玉悲摇落，冉冉年光送塞鸿。

插花

欲比丹青画折枝，精瓶新荐赏秋姿。
邻娃已试绡裙早，蝉翼犹栖西陆迟。
酌酒与伊同几案，弹琴待月下帘帷。
馀甘馀苦馀回味，草木关情每入诗。

秋雨

铅云布阵压重城，鼓作轻雷雨作兵。
遍扫尘埃清浊世，渐敲檐瓦赋新声。
殷勤似汝何人及，相送出门街口迎。
白袷箧藏翻欲试，明朝树色杂红橙。

吴晔

重阳 次韵

人生几度又秋凉,且咏短歌云共荒。
好水好山留客步,无花无酒负重阳。
登高唯恐霜侵鬓,念远偏惊月满舷。
道是曰归归未得,故乡今已作他乡。

观影《满江红》

满江红出浪涛掀,铁马长车拥战幡。
情节悬疑悲喜剧,世人知晓岳王冤。
惟因义重轻生死,岂敢位卑忘誓言。
大曲梨园重演绎,钧天八表厉英魂。

新版中国地图发布有感

唱晓雄鸡东海临,桑枝净洗日融金。
传承千载图为证,守护九州己所任。
科苑发花缘蝶渡,军魂铸剑起龙吟。
星罗宝岛还棋布,一寸山河一寸心。

华为

毛选精髓一脉承,齐家建业指明灯。
制裁未屈鸿鹄志,合作诚邀天下朋。
大国脊梁堪大任,长才工匠继长征。
遥遥高处吾先领,华夏有为同振兴。

如愿

绿绮蒙尘久不弹,封缄未寄路漫漫。
行云和月天边远,吟句成秋玉簟寒。
美景耽延过四季,凡心抚慰是三餐。
星萤灯火高城暮,梦里风中同倚阑。

九月十八日闻笛

高楼警笛破空鸣,雾起烟环气若兵。
一十四年何限恨,三千多万总关情。
国殇终古当怀缅,历史于今须记铭。
自主兴邦无别路,坚船利炮护和平。

初到杭州

伏热殷勤不胜防,追吾南下到余杭。
高楼林立迷烟色,晚树花开浮暗香。
时有吴云遮望眼,初来越地解行囊。
更邀西子西湖畔,闸蟹醋鱼先品尝。

【浣溪沙】听三毛《追梦人》

嘈切琵琶劳梦魂,花开又是一年春。初迷草色绿罗裙。
依约画栏萦玉砌,奈何桃叶换桃根。素心犹恋软红尘。

【浣溪沙】对菊

别院东篱随处开,金风玉露应秋来。还将屐齿印苍苔。
取次花丛频驻望,难凭杯酒释离怀。轻阴日暮转空阶。

 吴晔

【清平乐】樱花

仙姝秀萼,不负东风约。正小白长红灼灼,轻拂一帘珠箔。旋开旋落情牵,溪桥柳畔吟边。逗入茜裙何处?青蛾低映眉弯。

【清平乐】秋酽

秋浓愈酽,风色层林染。一角湖光波潋滟,欲共扁舟轻泛。载酒曲苑同游,沉醉更惹新愁。别路山长水远,羡他自在翔鸥。

【眼儿媚】月光下的一片树叶

夜凉高树倚风枝,枕梦欲眠时。分明脉络,愁丝千结,没个人知。
最怜辛苦天边月,宛转赋新词。未随流水,闲花无赖,青鸟堪疑。

【风流子】落叶

霜女临风环佩,响屧秋声步碎。蟾月皎,透疏枝,摇落金鳞满地。
无寐,无计,虚室时闻飘砌。

【生查子】次韵

君亦远蓬莱,弱水三千尺。花也替人愁,零落从朝夕。
雁字过西楼,可是曾相识。人也替花愁,云外星犹湿。

【醉花阴】贺桂红芳辰
碧玉妆成丹桂秀,正夏初时候。想翠叶纷披,迎步芊芊,有暗香新透。
东渡扶桑居日久,唯愿心相守。虽咫尺天涯,共举瑶觞,岁岁为伊寿。

【减字木兰花】游琵琶湖
平波千里,水槛风微霓挂雨。非雾非烟,初上琵琶忆小怜。
相思迢递,沦落天涯何必识。一叶扁舟,只载斜阳不载愁。
注:琵琶湖(Biwa Ko)是日本第一大淡水湖。

【一斛珠】游彦根城
霁明树杪,小春十月风光好。清流一曲芳村绕,络绎行人,相约古城堡。
照水锦花夸窈窕,和烟几许蘩还笑。竹西歌吹扬州道,他日重来,应泛雪中棹。
注:彦根城是一所位于日本滋贺县彦根市金龟町的古代城堡。也是日本国宝与国家古迹中仅存的四座木造城堡之一。

【生查子】星海之晨
千家梦未醒,环屿皆高厦。海上日初升,云涌星潜夜。
清晖适远瞻,小立西窗下。华表与曾经,尽入渔樵话。
注:2016年8月5日凌晨,大连星海广场汉白玉华表被拆除。

 吴晔

【蝶恋花】玫瑰
阆苑仙葩千万迭。独爱玫瑰、灼灼花时烈。焰火燃空开一刹,成灰蜡炬芳心歇。
夜夜苍梧烟里没。风雨相催、莫待空枝折。终古月圆还月缺,胭脂红浥鹃啼血。

【菩萨蛮】长亭更短亭
红朝绿暮寻常路,当时游赏曾来去。丛菊荐清秋,凭风远映楼。
青山眉淡扫,或与苍天老。何处最伤情,长亭更短亭。

【鹧鸪天】题承露红叶照片
石径寒山似故时,秋心说与晚蝉知。彤云遮断千重路,远水还萦一梦思。
新雪涕,旧题诗,晶莹珠露欲沾衣。飘零且共西风舞,恋恋红尘觑土泥。

【醉太平】题双凫戏水图
潺湲水融,参差景重。明霞照影流红,更烟蒙霭蒙。
露前饮风,波间听枫。双凫嬉戏芦丛,恰秋浓意浓。

【醉太平】爱若琉璃
仙家旧盟,前尘此生。痣留眉角为凭,正花开碧城。
长河晓星,蟾壶雪冰。烟云蝶梦初醒,信苍天有情。

110

【踏莎行】海雾
寒水笼烟,晨风浥露,扶桑溁溟知何处。瑶台银阙恍如真,
蓬瀛或有神仙住。
浪鼓潮输,云沉鲸渡,长川且揽流樽俎。九天虹女忽当门,
海霞裙织金丝缕。

【少年游】元夜
彩光相射,东城放夜,游冶趁良辰。桂影婆娑,绛河清浅,
渐涌出冰轮。
花相似,去年元夜,从柳下黄昏。灯火阑珊,舞休歌罢,衣
袂惹香尘。

【醉花阴】春梅
二十四番花信转,梅蕊芳丛炫。妙境比罗浮,缀玉飞琼,度
暗香悠远。
铅华淡伫春光暖,略点眉梢浅。微笑舞轻盈,万样娇娆,漫
倚东风软。

【浣溪沙】和韵
嫩柳苏晴迤逦春,夭邪杏靥染霞云。氤氲晓梦了无痕。
左右琴书唯自乐,风笺雨笔画图匀。微身只合作闲人。

【卜算子】《殇》
谁与唱消魂,凄婉西风曳。凝绝冰弦低转回,黄蝶飘香砌。
题怨托琴丝,霜月孤怀寄。霎那繁华烟景虚,寂寞花容瘁。

 吴晔

【眼儿媚】和韵
春风一夜绿池塘,过别院闲廊。旧时燕子,试花桃树,晕色涂香。
不知梦里身为客,睡起懒梳妆。东园不见,西窗无语,愁近清觞。

【玉楼春】春雪次韵李重光
丹青难写风前雪,冰蕊压枝花树列。瑶台银阙霭烟横,一曲凤箫浑未彻。
撒盐飞絮飘香屑,舞罢霓裳情更切。素娥千里共婵娟,看取西楼窗外月。

【卓牌子】春
迟迟韶光暖。衣袂拂、东君见恋。佳节已过清明,欲询消息芳时,与青春伴。
长条堪揽挽。承雨露、芬腴翠倩。可奈别去匆匆,紫愁红恨,风檐落花栖乱。

【柳含烟】老妈的小菜园
芄荽矮,豆苗稀。玉蜀葱葱倩倩,有疏花点缀田畦。夏初时。
世事繁华如梦里,陶令深谙此味。我心安处即桃源,度晨昏。

【点绛唇】母亲节
晚景桑榆,夕阳偏爱风光好。霞飞云袅,枝上栖归鸟。
燕瘦环肥,谁个青春耀。垂垂老,一生襟抱,儿女膝前绕。

【金凤钩】念母慈
晴晖暖，燕新乳。细草岸、绕堤芳树。涨江春水，载愁何许，朝暮信流不住。
望中犹忆来时路。拭别泪、忍将回顾。海崖天末，暑严寒苦，归日待从相诉。

【踏莎行】和韵
晓色云开，晴风暖布，春浓人淡凭栏处。群芳商略约花时，枝间燕雀还歌舞。
一日心期，万条丝缕，恨无双翼翔苍宇。萋萋芳草忆王孙，青山遮断天涯路。

【诉衷情】伴我眠
斜阳一抹染红莲，光焰欲流丹。关怀只为相守，耿耿夜如笺。
凭记取，晚云闲，浴凉蟾。半檐花落，摇曳灯芯，伴我安眠。
注：我说夜里睡觉怕黑，老爸为我做了一盏小台灯。

【卜算子】蔷薇
粉面似凝愁，翠袖迎风薄。又是黄昏欲雨时，红泪芳丛落。
旧梦逐烟飞，谁与相思诺。开遍空林人不知，雾锁花魂寞。

【浣溪沙】芦笋煎蛋
洗手当厨炉火红，待他将熟味香浓。碧油煎出月朦胧。
笋嫩新池初涨雨，枝斜别院正扶风。一帧春色入盘中。

吴晔

【清平乐】茉莉花
冰肌晓露，泠艳幽芳着。素靥轻擎谁解语，多少别离心绪。
东风容易黄昏，翩翩蝶化诗魂。情味于人浓处，指间一缕香痕。
注：茉莉谐音莫离，花期只有一天。

【少年游】大漠阅兵
穹庐大漠，辎车重甲，展猎猎旗旌。英姿勃发，军容整饬，拥百万雄兵。
南昌号角，卢沟晓月，樯橹驭波行。历风雨九十春秋，铁血筑长城。
注：中国人民解放军建军90周年朱日和训练基地阅兵。

【蝶恋花】蝴蝶兰
待卷珠帘迎晓曙。蝴蝶翩翩，渐欲飞还住。一例红衣兼缟素，枉间却扇边妍妩。
不怨天涯魂梦阻。梦浅愁深，剩写江淹赋。疏影徘徊应有语，殷勤多谢相持护。

【一翦梅】夏思
夏木荫荫小院幽。一架残红，舞却枝头。送晴催暖淡烟浮。可奈飘零，逝去难留。
断续蝉吟疏欲休。谁和新词，数载羁愁。阑干影背思悠悠。旧梦依稀，何处兰舟。

【鹧鸪天】贝加尔湖畔

水色烟光魂梦萦,玉钗消息隔层城。唯余落寞吟风月,曾想温柔化雪冰。

君忆我,我怜卿,青衫红粉叹飘零。移宫换羽梁音绕,别唱人间未了情。

【眼儿媚】七夕

星河望断渺寒烟,弱水止三千。有情灵鹊,颉颃其羽,凉露娟娟。

天孙愁织丝云锦,玉笛致缠绵。团栾又别,年年今夕,唯愿君安。

【蝶恋花】七夕

两日疏风三日雨。每到秋来,节候还如许。乌鹊渡头争忍顾,啼痕洒落闲庭户。

天上人间知几处。流转金梭,织就双丝缕。望里姮娥愁似雾,苍茫不见归时路。

【山花子】新秋

淡荡西风过板桥,清秋如水信如潮。征雁一行云外远,任逍遥。

且养诗心闻夜雨,渐生幽意咏芭蕉。待到枫林霜尽染,倍妖娆。

 吴晔

【减字木兰花】夜钓
凉生烟渚,一叶扁舟星月渡。野水投竿,影堕平湖无限山。
鲈鱼味美,更爱岚光同徙倚。云醒潮还,白鸟冲波去意闲。

【清平乐】秋夜 次韵
孤灯对坐,渐觉残更堕。槛外寒花余几朵,风雨今宵误我。
何年迢递相思,泪痕黏上空枝。怜取绿肥红瘦,相将共度秋时。

【清平乐】中秋
清宵漫倚,桂影飘香砌。捣药声中应有悔,今夕姮娥无寐。
开奁宝鉴生辉,偏明落叶之时。潋滟波光浮动,秋心莫惹相思。

【鹊桥仙】七夕 次韵秦少游
东流逝水,南归鸿雁,花谢花飞几度。阴晴圆缺只寻常,信应有、冥冥天数。
齐眉举案,听琴作赋,携手风霜前路。相怜相惜更相依,此情在、朝朝暮暮。

【西江月】庚子望乡
邀月金樽对酒,出街素帕遮颜。心忧疫疾远人前,尚有亲情相伴。
天意难违因果,初心看取梅兰。望云映雪一凭栏,遥祝故园春暖。

【千秋岁】三生三世枕上书次韵秦少游
三山天外，玉宇云烟退。幽思起，芳心碎。夭桃红萼泪，瘦
水青罗带。人何处，良辰美景虚将对。
犹忆初相会，紫气倾华盖。姻缘浅，深情在。影分尘劫渡，
梦入浮生改。看世事，桑田几度移沧海。

【诉衷情】蒲公英花 次韵
花开平野却疏凉，犹效昔年妆。翠裙欲迷清影，金盏祝斜阳。
风翦翦，路茫茫，月流霜。纵然漂泊，无意争春，自在芬芳。

【浣溪沙】月季花 次韵
清骨丰肌尽婉柔，欲遮粉面半含羞。晴娇无奈一回眸。
只道幽芳能解语，难凭霜叶寄离愁。徘徊香径忆从头。

【一翦梅】剪水
剪水飞花倩酒斟，风舞从臾，云意成阴。琼妃卧月碧苔侵，
瘦损罗裳，石径寒深。
分破离魂护翠禽，几度黄昏，尘暗瑶琴。佳期如梦可追寻，
双燕衔芳，草尽红心。

【临江仙】题画 次韵
侧岭横峰遥看，层云薄雾环飞。阴阳昏晓割晴晖。好山缘彩
笔，胜景比峨嵋。
白练腾空破界，天河直下倾杯。衡湘凫雁几时归？梅疏清影
伴，松劲晚烟垂。

 吴晔

【临江仙】观墨轩子禅画视频
玉带一条东逝水,美人螺髻青山。疏枝淡叶点花繁。似闻猿鹤语,心远地犹宽。
江上何人来独钓,西风晚日荒烟。横图随此展千篇。珍珑棋局在,了不悟空禅。

【鹧鸪天】拟相思 次韵
旖旎云山锦绣屏,竹枝滴翠湿窗棂。鹊飞双影鸣乔木,风送花香满院庭。
寻好梦,梦空醒,寸心夜夜海天青。遥吟一阕相思曲,低按秦筝倩汝听。

【鹊桥仙】七夕 次韵
今宵何夕,清风如穆,仿佛当时初遇。锦云缱绻怅停梭,泪痕滴、霏霏凉露。
天孙与巧,回文为织,剪恨裁愁诗句。人间聚散只寻常,汉河永、无言相顾。

【天仙子】三色堇
阆苑仙株和露种,风日频催膏土动。花期屈指待何时,提水瓮。殷勤送,更有巧云晴暗弄。
雨润新枝娇蕊重,蛱蝶飞来香雾笼。故园春事久睽违,庄生梦。钗头凤,络绎行人尘接踵。

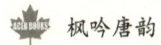

【人月圆】中秋

天公不负中秋约,沧海烂银盘。姮娥弄影,波光晶晶,环佩珊珊。

霜蟾雪兔,金风玉露,灯火星繁。瑶觞共祝,年年今夕,人月同圆。

【占春芳】ANGRINON 公园残荷

消溽暑,添秋韵,多谢此相过。遍数池莲三朵,忽惊岁月蹉跎。

树影也婆娑。似多情,微语轻呵。怕教天晚花眠去,潜入清波。

【谒金门】赏枫

穷野步。过了重阳寒露。最是相宜胜赏处。烟霞生海曙。

娇杏夭桃应妒。撷取红笺谁与。遍写清词兼丽句。挽金秋且住。

【诉衷情】题 ANGRIGNON 公园秋景照片

一池明水映流霞,秋叶胜春花。嫣红姹紫何似?妆靓女儿家。

深浅树,绕堤沙,倚天涯。也如相慕,白鹭栖来,柳细风斜。

【减字木兰花】芸香诗社小聚

秋窗小雨,天意留人知少聚。语笑歌飞,顿觉风生蓬荜辉。

旋倾美酿,拼却醉颜吾不让。为说登临,好景图将共赏吟。

 吴晔

【西江月】皇家山赏枫 次韵

蒙特尔城霜晚,皇家山上秋高。何妨节气已萧萧,登览情怀不老。
遍染层林如画,恍疑红焰凌霄。风中谁把韵歌敲,袅袅余音未了。

【踏莎行】暮秋

黄叶飘零,朱栏倚傍,寒芳可奈严霜降。葡萄藤蔓缀晶珠,丰年更待甘醪酿。
团扇轻收,菱花懒望,西风吹鬓应无恙。从来万事不关心,诗书相伴居深巷。

【踏莎行】吊竹梅

叶比花娇,花无叶绚,翩翩蛱蝶栖枝蔓。双蛾颦未展秋心,凉飙一夜流年换。
竹泪斑斑,红尘恋恋,潇湘梦里情何限。绛珠仙草或前生,梅魂约个来相伴。

【武陵春】鱼骨昙花

鱼骨柔枝纷拂翠,香蕊破梨腮。绿鬓云鬟绾玉钗,月下美人来。
声动凤箫裙曳雾,芳意绕楼台。过眼烟花忽寂埋,清夜独徘徊。

【诉衷情】航拍魁北克 Mont-orford
薄纱缥缈淡云烟,日照万林丹。鲲鹏莫羡游衍,展翼御风旋。
芳草碧,映蓝天,远嚣喧。教堂高耸,矮屋人家,如此河山。

【浪淘沙】晚秋玫瑰
去去忍回眸,篱角楼头。绿衣披拂似凝愁。娇蕊正胭脂淡染,欲放还收。
黄叶卷荒沟,芳土成丘。今朝万一见温柔。冷露霜风怜瘦影,何事淹留?

【浪淘沙令】冰雪玫瑰
玉骨傲霜寒。翠鬟朱颜。芳姿依约似从前。雪倩风敷匀腻粉,更展娇妍。
花信报今番。菊隐梅闲。初晴璧月惹愁端。塞外明妃琴上曲,未解冰弦。

【霜天晓角】题藏野驴图
营群成队。飒沓连山退。千里追风逐日,虞泉宿、征尘洗。
临水。芳草美。节令随迁徙。骏骨堆金难买,高原莽、霜雪霁。

【清平乐】银雪落霞
长林冰沍,正是天将暮。银雪落霞相映趣,美景未期而遇。
玉尘红染生春,六花飘坠无根。凭仗高风吹送,仙乡梦断梨云。

 吴晔

【婆罗门引】辞旧迎新

广寒药兔,承仙露碾玉成尘。桂花飘落纷纷。点缀琼枝素蕊,恋恋扑衣巾。正冰封万里,雪拥千门。

穷冬朔旬。有松柏、是芳邻。更约半规蟾月,对酒良辰。年来碌碌,临佳节、闲话且成文。桃符拟、辞旧迎新。

【霜天晓角】小寒

化萍飘絮。旋作飞花舞。点点离人清泪,梦醒后、知何处。

凝伫。连大吕。雪蝶侵帘幕。岸柳鹅黄初染,归便好、东风度。

注:古代小寒、大寒可以称之为大吕。小寒连大吕。

【破阵子】新岁

爆竹一声除岁,立春兼闰双重。犹记画堂欢乐趣,畅饮金樽灯火红。楼台昨夜风。

孤负当时明月,漫侵寒气帘栊。花信归期耽倦旅,翻雪飞霜类转蓬。没于诗句中。

【少年游】二首

(一)二月

惯将飞雪作花看。云鹤舞翩跹。风檐絮影,梅梢笛韵,魂梦绕乡关。

望中二月春何处?珍重语轻寒。芳草王孙,短亭长路,归思总迁延。

（二）口哨曲《邮递马车》
车尘马足向川原。驰过数重山。载言载笑，吟风咏月，消息隔人烟。
柠檬花发春光好，游赏欲并肩。换羽移宫，吹唇啸曲，声绕碧云天。

【南香子】三咏
（一）红玉兰
蜡炬新燃。占得芳春属玉兰。
万里销魂期共赏。颙望。半吐檀心谁欲向。
（二）清明冰雨悼先父
痛到深时。垂寒玉箸倚春迟。
天意知人馀怅恨。遥问。夜雨轩窗更未尽。
（三）回乡
铁翼乘风。扶摇直上九霄空。
万里奔波频辗转。无怨。羁旅人生如驿馆 。

【画堂春】春日迟迟
桃花开了杏花随，佳人雅态妍姿。拂堤杨柳渐成丝，春日迟迟。
绿鬓朱颜岁月，酥风腻雨当时。心香一瓣结为诗，觉后谁期。

【醉太平】端午
盘丝腕紫。蒲香艾青。包金角黍新呈。看龙舟渡争。
沅湘水清。忠魂赤诚。感时怀古幽情。赋离骚比兴。

 吴晔

【喝火令】沙漠玫瑰

倩影肖梅桂,芳姿宛杜鹃。六龙车驾御空悬。思绪断云飞渡,沙漠隐孤烟。
翠幕愁风雨,明窗护暖寒。夏来春去只休闲。过眼桃夭,过眼杏花妍。过眼乱红飘坠,锦瑟怨华年。
注:梅桂即玫瑰

【临江仙】人间烟火

烟雨江南惆怅锁,人间几世繁华?乌篷荡桨莫愁家。落红应满径,垂柳可藏鸦。
山色湖光歌扇底,虹桥远映岚霞。东风弦上语琵琶。相思何处寄,五月落梅花。

【鹧鸪天】可能

吹走时光无影踪,南方朝旭北方风。燕京后海从漂泊,小巷周庄忽暂逢。
情缱绻,意朦胧,悲欢离合古今同。可能短梦惊回处,也似流星划夜空。

【眼儿媚】 虞兮叹

楚歌四面不堪悲,垓下已重围。英雄乱世,佳人倾国,可奈虞兮。
镂金宝剑为君舞,美酒更添杯。青天碧海,丹心红泪,蜡炬成灰。

【画堂春】渥太华郁金香节
迎风绽放万千枝,丹青难写瑰奇。夏初临节赏芳姿,七彩虹垂。
几度挈舟溪上,膏车梦里驱驰。年年此际是花时,归去还迟。

【醉太平】芒种
秧随手青,低田插耕。雨余风送新晴,听伯劳数声。
荷花粉生,蛮瓜翠凝。时光流转升平,过斜阳柳汀。

【喝火令】赛龙舟
叠鼓嘈嘈响,云旗猎猎浮。又迎端午赛龙舟。开始少年齐力,挥棹斥方遒。
斩浪弦离箭,凌波兽出头。未分成败势难休。且看争先,且看渡中流。且看锦标夺冠,摆酒应乡酬。

【苍梧谣】晨 三首
晨。隔树黄鹂唤语频。珠帘卷,谁是看花人?
晨。寒雨空阶扰梦魂。牵情处,断续总无因。
晨。晓镜星星点鬓云。亭亭瘦,不是旧年春。

【苍梧谣】秋 四首
秋。聚散烟云几叶流。凉飙起,花气悄然收。
秋。雁字排空过小楼。音书渺,心上也添愁。
秋。垂柳池塘未系舟。黄金缕,依约踏青游。
秋。篱豆花边且少留。云天晚,霞色上枝头。

吴晔

【行香子】长夏
千里平湖，万顷烟汀。是何人魂梦牵萦？唤来长夏，语燕流莺。有藕花香，榴花艳，槿花明。
风扶芳树，云垂天角，也难禁暑气熏蒸。窗开四面，楼倚高层。见朝时雾，晡时雨，晚时晴。

【行香子】观海
海跨桥奔，潮打城回。云帆挂且待风吹。沉沙积渚，卷雪成堆。忆几曾来，几曾去，几曾违。
盘旋掠影，徐行接踵。与人盟鸥鹭忘机。轻阴尚好，晚日微曛。 见水边舟，舟边岸，岸边谁？

【鹊桥仙】七夕 和韵秦少游
银潢清浅，人间纷浊，一样天涯俦侣。相逢已是福神签，同携手、金风玉露。
凉生秋夜，歌传七夕，重拾少游遗谱。年年岁岁鹊桥仙，凭添得、闲愁几许。

【踏莎行】西湖
花港观鱼，三潭印月。钱塘美景今来阅。柳摇波漾镜奁开，晓妆西子胭脂抹。
曲院风荷，断桥残雪。年光流转时空叠。湖山一角记晴阴，相逢此地还相别。

【洞仙歌】九溪烟树
浓荫浥露,自清凉无暑。石径分踪觅前路。漫高枝、西陆蝉唱声声,依村落、重叠茶田处处。
池塘芳草浅,濯足涧裙,便欲凌波蹑微步。白练挂飞泉,古韵泠泠,瑶丝理、成连佳趣。爱呼吸、岚光入山亭,看溪涧游龙,淡烟轻护。

【西江月】中秋
玉兔银蟾私语,琼楼宝炬新燃。流光淡彩溢金盘,洒落红尘无限。
不恨苍天易老,有情明月常圆。姮娥翠袖倚轻寒,桂影摇枝香远。

【西江月】美人蕉
篱角孤芳自艳,西风断雁声高。浮萍飞絮已飘萧,容与朱颜未老。
向晚犹擎红蜡,为伊独立清宵。苔扉深闭不曾敲,怕把梦儿惊了。

【南歌子】秋
花退枝头见,车喧耳畔闻。彩笺风送欲沾身。抬手相迎、无那落缤纷。
沥沥前宵雨,悠悠天际云。光阴流水去无痕。秋满长街、踽踽是何人?

 吴晔

【南歌子】初雪
皎洁如明月,轻柔似玉尘。撒盐飘絮且休论。缱绻随风、一夜满前村。
琼蕊生瑶树,雕栏饰素银。凡间仙境也难分。白鸟去来、自在逐寒云。

【桃园忆故人】初雪
泉声琴韵泠泠起,鹤舞蝶飞盈指。仙苑落梅飘坠,宫女新妆试 。
经霜玉露凝空蕊,朵朵前尘清泪。窗外冻涛无际,涌月天云地。

【踏莎行】圣诞诗友小聚
郁律松枝,缤纷彩树,又逢佳节笙歌度。且凭诗酒忆华年,暂忘漂泊分离苦。
闲话家常,倾杯日暮,还寻墨笔题新著。主人相赠满盆春,兰房娇蕊随心驻。

【柳梢青】聚饮
故友相邀,经年未见,远路迢遥。鱼戏池塘,花明院宇,笑在眉梢。
夷山几两红袍。俱鸡黍、频添老醪。拼却酡颜,莫辞樽酒,不负今朝。

【玉蝴蝶】胶囊奶咖
琉璃杯盏新呈,半珪蟾月明。碧海白云升,甘泉涌几层。
香甜耽乐事,辛苦恋浮生。回味总牵情,画栏闲倚凭。

【玉蝴蝶】元旦
抛书闲坐中庭。暖日映帘肩。绿叶蕴芳馨。花枝独倚瓶。
前期空记省,新岁已相迎。寰宇享承平。海清人寿增。

【鹧鸪天】悼先父
难挽流光不自知,至珍逝去悔方迟。归期未到无常到,教我何之何处之?
波渺渺,草离离,清秋露冷远荒陂。馀生剩有千行泪,续写哀伤悼念诗。

【鹧鸪天】先父故去三年祭日前一个月立碑
别去归期原可期,重来泉隔永暌离。三年疠疫周旋久,一世襟怀伸展迟。
哀孤冢、立新碑,花环泪共露珠垂。烟岚云霭多相谢,朝夕经过常伴陪。

【风入松】题中秋老港步月照片
平分秋色自年年,岁去月依然。未遮桂魄纤云巧,更余辉、付与湖烟。渌水螭珠明灭,晶宫凤炬新燃。
凉飔吹袂适清闲,触目亦婵娟。阴晴圆缺浑无据,趁团栾、惜取当前。似有浮槎近岸,不知天上人间。

 吴晔

【烛影摇红】达利画作〈记忆的永恒〉

非马非鱼,时空游走芳毫媚。碧桃花落玉林枯,上有金乌憩。刻漏浮生怎计?卷流年、苍茫逝水。窥盘唯见,恋物痴蝇,打围行蚁。

寓目惊心,交加光影来天地。奇才百代此相逢,犹感凄凉意。梦觉南柯小睡,叹繁华、难描彩绘。海蓝沙赭,绝岛扬尘,永恒为记。

注:睫毛古称芳毫

【暗香】雨 次韵

蒙笼暗碧。正荫荫夏木,桠枝繁密。玉叶惊风,云意商量掩愁泣。一晌梢池骤急,芳林洗、似曾相忆。油纸伞、石径廊桥,别后忍寻觅?

锦瑟。柱弦寂。愿曲度平安,傩神消疫。海江静谧。宜若虹霓入词笔。倾国倾城媚妩,胭脂泪、浑无踪迹。拍轻鸥、翩小燕,葺荷筑室。

【望海潮】夜航

紫烟缥缈,蓬莱幽寂,山泉坐酌煎茶。云海浴波,金风拂我,虚乘万里浮槎。秋夜月初华。广寒犹清冷,桂叶添花。天上人间,江南几日又天涯。

离亭谁唱琵琶。正苍茫落日,散作余霞。留客语长,归思梦浅,却愁诗酒难加。对景只堪嗟。恍南柯一晌,望眼闲遮。星汉依稀倒转,灯火市千家。

【满庭芳】除夕 次韵
火树将燃,莲灯初放,动念星月流光。腊花迎喜,相顾复临堂。中馈调羹味美,绮罗席、交错觥觞。桃符换,驱傩爆竹,除一夕寒凉。
疏狂,将进酒,经年百事,但醉何妨。愿银发慈亲,福寿绵长。今日今宵欲尽,又添岁、只道寻常。鸡声竞,春风归省,共度满庭芳。

【春从天上来】跨年夜烟花 次韵
异彩缤纷,似阆苑仙葩,嫩蕊初陈。瑞鹤翔集,兰芷微熏,香雾紫焰氤氲。望千枝银火,竞高举、点亮星辰。更繁弦,促铜签倒数,辞旧迎新。
天涯此时相约,把酒共金樽,往事前尘。美景良宵,莫忧霜雪,白日不足欢欣。易繁华消歇,烟花冷、逝去难寻。且歌吟,正夜将寒去,应律回春。

杨延颖诗词选集

杨延颖,格律诗词曾发表在《华侨新报》《魁北克诗词研究会》网站等报刊杂志上。集成《杨延颖诗词集》。诗观:直抒胸臆。

新春吟

天宫降蝶,曼舞冰绡。琉璃轻剪,碧玉细雕。
无端降祸,为患作妖。诚开二月,祥瑞绕缭。

八月吟

辛丑八月,玄蝉呼天。消除宵禁,聚友复筵。
鱼肥蟹美,桂溢藕鲜。玉钟频举,醉眼望天。
故园水患,沧海桑田。眉间心上,泣涕泪涟。
云书鹤字,祈语频传。彼兮我兮,万里婵娟。

深秋题

叶落秋往,时序更张。高天阔地,素野无疆。
柳枝疏疏,蒹葭苍苍。悲风咽咽,白水茫茫。
凝眸雁阵,怅忆故乡。登山远眺,拂菊篱旁。
天涯倦客,一卷华章。诗词唱和,月照夜长。

「且随缘」唱和录

圆圆方寸上,笔力入青田。
冷暖相更替,阳阴自结缘。

为嘉树字「惠风相从」

惠岸影青茫,风临画室香。
相逢琴瑟里,从韵品情长。

杨延颖

风吹雪似烟集
风吹雪似烟,玉树舞翩迁。
最喜窗前景,芳菲在眼前。

姜花
绿叶黄花坠,秋来增秀媚。
篱旁笑眼眯,恰似鲜姜馈。

初秋
天高云漫悠,明月报新秋。
把酒东篱意,婵娟梦里留。

鸭诧
水暖邀君聚,浮沉罗锦欢。
游人何以寡,窗闭冷相看。

朝行
朝行幽径上,细语雀儿惊。
倏尔声声吠,霓虹石上生。

《立春》
辰龙临大地,卯兔速归家。
白雪幽梅苑,清江映晓霞。
迎春同咬贺,送冷共烹茶。
惟愿风调顺,八方享豆瓜。

《猫冬》
雪域疾风劲，枯枝力抵寒。
频频催铁釜，屡屡煮鱼丸。
倚牖望飞镜，凭灯读册刊。
诗书能遣醉，寄梦使魂安。

秋序
雏菊开阡陌，南归雁有神。
三番风雨至，几片叶从尘。
树染新姿渐，凉催促织频。
临窗听落雨，无酒也迷人。

月下长河孤帆题图
瀚海孤舟静，渔翁或喜悲。
一弯明月照，两道幻虹垂。
极目海天外，似闻夸父追。
尔来红日跃，犹可展雄为。

七夕
喜鹊搭桥一线牵，痴情男女喜相连。
金风玉露相逢处。羡煞凡间万万千。

悼刘伯松先生
人间痛失一仙翁，雨泣云悲贯宇穹。
八十余年游历后，如今归位返天宫。

杨延颖

盆中橘苗
轻舒绿袂蹁跹舞,沃野玄青展美姿。
本是孤株苗遗世,神瑛侍奉续传奇。

蒙城五月河边偶记
碧草流莺光影秀,烟霞幻景异中同。
锦凫划掌悠然去,沉醉游拳一老翁。

夏日黄昏偶记
啾啾翠鸟后窗鸣,欢跳啄巡戏蔓菁。
绚丽黄昏当有意,青葱夏院自多情。
白云轻羽尔随去,新月孤星我伴行。
莫道蒙城多寂寞,素心淡泊乐无争。

观家乡河南影视片有感
东风迢递家乡讯,壮美河山在眼前。
远古奇观堪细数,如今景致有新篇。
驼铃响彻丝绸路,银燕翱翔峻岭巅。
喜庆中原腾伟业,天涯游子乐心田。

问菊
都云寿客腹中痴,何故年年绽美姿。
夏日芳菲谁斗艳?秋来盛放我来迟?
牡丹芍药哪堪比?月季棣棠怎忍嬉?
秋雨如烟摧不瘦,阳明杲杲丽如诗。

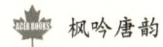

【一翦梅】戊戌新正开笔

仰望星空不夜天，轻触心弦，去国经年。远离故土几时还，心绪纷繁，珠泪轻弹。

彼岸遥离万重山，网络之间，铁鸟飞天。晨昏更替刹那间。手足相搀，朋友相看。

【如梦令】寄语春三月

庭院雪堆渐瘦，心似春阳温透。此意报东君，莫要念回寒咒。能否？能否？此事全凭天佑。

【行香子】再睹 Perce 穿孔石有感

河海中央，天水沧茫。有顽石，戏浪汪洋。亿年不倒，自睹兴殇，见鸥环舞，云环绕，日环光。

那年初遇，心音如鼓，再相逢泪眼盈眶。举头仰望，环伺围航，羡浪中鲸，岛中鸟，雾中凰。

【唐多令】一杯饮

七彩绘婆娑。秋风过似歌。历寒霜、濡染娇娥。如画山川幽景秀，谁与共、赏藤萝。

常忆北邙坡。面朝黄水波。绿松林、云绕祥寰。清雨纷纷如泪下，一杯饮、祭星河。

杨延颖

【鹧鸪天】秋去冬来
霜助西风坠叶红,云添秋雨打青松。南归鸿雁翩然去,不见回游鱼素踪。

时令改,记调钟。年年如许更从容。倚窗仰望晴空里,收拾心情好过冬。

【西江月】庚子望乡
去水漫凝冰盖,远山轻舞银鸾。朔风凛冽雪城寒,惟有家中温暖。

一缕沉香燃尽,几珠清泪莹然。故园念念寄婵娟,愿得韶光一片。

【霜天晓角】小寒
谁飏白絮。玉树寒鸦聚。故土当迎喜鹊,锦雉雏、苍鹰舞、遁虎。迎兔驻。祈瑶池降祚。驱疫调和风雨,百业旺、纷争去。

【长相思】(白居易体)诗思
云波澄。水波澄。佳丽娉婷结伴行。黄昏有盏灯。

字盈盈。心盈盈。落上华笺千色绫。此情追日增。

【减字木兰花】艰难辛丑
艰难辛丑,残月晓风回望首。往事如烟,愁看芦花摇自欢。

邪魔魍魉,招惹宇寰堪谬妄。几唤天晴,海晏河清舟自横。

 枫吟唐韵

【踏莎行】（晏殊体）叶落秋往
秋叶翩跹，悲风涤荡。云封烟锁寒山嶂。闲来闭户品新醇，隔窗犹望枯枝晃。
早息多眠，避寒续犷。岐黄铭记阳为上。三冬梦里暖花开，春来万物添精壮。

【诉衷情】羊驼布偶（晏殊体）
晴光云影径无尘，天气欲还春。不期隔庸相遇，逢著意中人。
模样俏，眼眸纯，气清新。乍然相见，一缕游丝，牵住吾魂。

朱九如诗词选集

朱九如，格律诗词曾发表在《山东诗歌》《华侨新报》《七天报》，2019年《当代诗歌地理》上、下，2020年《当代诗歌地理》上、下，《魁北克诗词研究会》网站等报刊杂志上。集成《朱九如诗词集》。诗观：诗言情志,淡泊自然。

辞旧迎新

时光荏苒，又是新年。雪覆荒野，风过陌阡。
浮云流转，青松依然。暖阳映雪，筝声入弦。
乌龙醇醉，汾酒暖绵。知友畅叙，彻夜不眠。

七月吟

流云交错，日月如梭。骄阳催物，夜雨润禾。
繁花紧簇，绿叶婆娑。车流涌动，人影步挪。
梦回庚子，新冠毒疴。无辜送命，谁知谁过。
呜呼哀叹，焉能蹉跎。光阴荏苒，人生当歌。

秋吟

秋空澄碧，秋野妖娆。金风拂叶，浓露湿蒿。
树添香果，园缀红椒。篱攀芸豆，架悬葡萄。
枫枝染彩，霜菊新娇。飞鸿高逐，鸣雀近翱。
把酒向月，慨歌凌霄。相思遥寄，心绪远飘。

故园春

清池映碧条，春燕过溪桥。
暖意消冬雪，丹霞上九霄。

春来暖

飞花又挂枝，雀影映琉璃。
鸟报春来暖，为何人不知。

朱九如

观红梅图有感
雪映寒庐白,红酥满目开。
不言春色早,暖意自东来。

题图
山遥静默然,万密起云烟。
秋影灰凫戏,天成水墨篇。

秋荷吟
罗裙半绿黄,红粉立河塘。
独舞不凄楚,清香胜冷霜。

野生喇叭花
素瓣围黄蕊,荣荣漫古原。
高堂非去处,花意报乾坤。

三月落雪
银花造物施,漫舞缀藤枝。
三月蒙村景,邀春飞絮姿。

鹅语
欢波荡影身,白翅御风巡。
高颈低低语,柔情不染尘。

深秋街景
风吹败叶斜,古树见枝桠。
老妪嗔秋雨,孩童捡落花。

红木槿
燃燃碧叶花,金蕊缀红纱。
窗外皑皑雪,寒庐映暖霞。

芍药花
春残芍药疏,蹊径覆华裾。
合泪妖娆去,风情向客书。

扶桑花
繁枝烂漫新,金蕊笑含嗔。
晴日夭夭艳,齐齐向晚尘。

答谢紫云《冬至梅香》
情成朵朵梅,心蕊为君开。
雪域花枝俏,清香众自来。

答谢蔚青梅诗
岁末迎新日,思弦起怅惘。
松枝当乐柱,梅蕾寄情幽。
庚子多难事,民生尚重忧。
喜闻君话语,春意暖心头。

赠拙存斋主人
城郊碧草萋，树茂掩幽蹊。
柔水临门过，繁花压蔓低。
母因温古训，父子整苗畦。
世上清欢味，仙斋令我迷。

悼李克强总理
凄风吹落英，苦雨妒峥嵘。
流水长呜咽，悲鸿久泣鸣。
不求声显赫，但为国繁荣。
两袖清风去，祥云伴汝行。

冬思
雪迎风起舞，天地自澄清。
秋蕊琉璃满，冬花四野平。
菊黄不复灿，雪白愈分明。
万物循时转，枯荣亦不惊。

入伏雨后
夏至三庚雨，雍阳万物新。
金杯盈碧水，粉朵展娇颦。
老树蝉声远，低枝笑语频。
高温焉可畏，气定自生津。

秋思

风劲花无语,阶前扫落英。
空枝添寂廖,绽菊现峥嵘。
秋水寒霜降,高天飞雁鸣。
无端思绪起,何日与君行?

芸香夏日雅聚

清风送夏凉,广袖蕴茶香。
炭烤多滋味,盘擎五色粮。
斗诗不觉酒,觅句偶寻芳。
别去依依意,芸香袅袅长。

长歌吟

天高云渐淡,风急露趋轻。
残蕙怜姿影,晚荷伴月明。
花心初有结,田垄已增荣。
大豆参新荚,苞芦聚彩旌。
棉花呈蒴果,甘薯隐荆棚。
架下黄瓜翠,田中落花生。
案条排绿钵,釜里溢甜羹。
故友同携手,新知共远迎。
举杯同祝福,把酒赋欢情。
玉盏金樽满,长歌宿鸟惊。

 朱九如

庚子年武汉春
东湖绿道现新芽,落驾樱枝缀早花。
轻柳寒烟如一翠,徐风携语抵千家。

春雪依韵林芳
正怜庭院静无花,风转琼瑶四野斜。
未若天宫仙子舞,纷纷落户万千家。

雨后有忆
夏雨垂帘庭草翠,娇英坠地散疏红。
小池休道清流浅,早有蛙声震耳聋。

咏陆地水仙
凌波仙子入凡间,摇变黄花阡陌闲。
不惧清寒风里笑,丹心如许早春颜。

咏水仙
（一）
三胞姊妹圣城来,玉体圆圆膜中呆。
根嫩条条争相出,殷殷企盼我花开。
（二）
绿袄青裙身段娇,俪兰微步碧波摇。
但求仙子倾城笑,日日殷勤把水浇。

咏郁金香

手拿绿帕半遮身,玉立迎风展笑靥。
曾令众生倾所有,花魂不改岂随人。

咏白玉兰

娇娥素面点红妆,犹有蝶蜂为此忙。
向晚流云生浅晕,东风作伴舞霓裳。

种花人

夏风又暖几枝新,团簇冰清不染尘。
一诺相邀从未负,幽幽常忆种花人。

咏寂花

才知墙角数支花,团簇清幽不慕霞。
近看万千蝴蝶舞,暗香夜静入寒家。

咏振虎老师昙花

娇颜子夜静初开,晨露晶莹点秀腮。
香魄千层包不住,秋翁摘采入仙台。

七夕夜

星辉汉水月兰舟,静夜沉沉无鹊啾。
童稚不知牛女事,笑言阿母罔添忧。

 朱九如

忆父母耕作有感
又思翁媪地头忙,躬背勤耕挂冷霜。
秋悯老农劳作苦,引怀我痛两亲亡。

中秋餐
新炉月饼簇中央,粽子青衣护两旁。
蟹脚八开拦路阻,谁人轻易取雄黄!

听秋雨
潇潇寒夜起苍黄,渐瘦庭花卸锦装。
秋雨不如梅雨早,坐听沥沥亦神伤。

题雪竹老师三峡图
水间墨里点青葱,两岸峰奇雨雾蒙。
众鸟高飞千客过,巫山常在世匆匆。

小雪
碎絮银花舞寂空,窗含素影树蒙蒙。
茫茫天地初来雪,欲语来年万物丰。

辞旧迎新
西风暗夜长呼号,晨起霞红并雪滔。
斗室不知流岁去,折枝旧处现新绦。

春早
轻呼陇陌草春荣,欣喜知更婉转鸣。
老树侧旁新绿伴,郁香有意不了情。

早春江畔
岸柳新妆梳镜水,邻家玉树绽花堆。
三分碧色无边雪,春意无多却已回。

春画
春风着笔雨调色,染绿禾田似碧波。
轻点娇黄春报早,枝头百鸟唱欢歌。

母亲节敬鲜花有感
含苞枝叶裸青腮,竟炫繁花一起来。
寸草报春心有意,此情最令母心开。

竞舟
碧水清波映白鸥,争锋百舸赛龙舟。
鼓声呐喊惊天宇,天大风骚逐浪流。
(注:"天大"乃魁北克的天津大学龙舟队队名)

春雨
迎春逢暖再新枝,时有澄黄绰绰姿。
软雨绵绵潜入夜,谁知它亦是花痴。

夏雨
拂晓轻雷睡梦惊,雨敲浮瓦落盘声。
久枯干草含珠泪,枝折兰花叹薄情。

是此时
两地春来两样姿,故园桃灿柳丝垂。
枫林昨日又铺雪,怡怿品糖是此时。

唱酬人
清音一曲东风里,远客闻来赋意新。
渐退琼花芳草盛,早春日暖唱酬人。

四月雪
飞雪回身返故乡,千枝万朵裹银装。
东君非是离春去,也恤琼花盈泪眶。

咏榴花
春容渐退夏容迎,但见榴花一笑惊。
红碎团团连碧叶,入诗成画共峥嵘。

题令箭荷花
秋翁碧剑立如峰,几朵红霞左右从。
郁郁幽芳藏不住,频传诗句记香踪。

悼父朱永茂
追云驾鹤上清霄,桃李芬芳一代骄。
不乞人生无憾事,心安魂定是非昭。

重阳节思高堂
一年又至过重阳,霜打枫枝树叶黄。
寂廖菊寒空廊廓,落英集起伴残香。
(九月九重阳,为高堂燃一柱香)

思母
去岁青枝爬满径,娘亲采荠院庭中。
今朝满地黄花落,涕泪残宵梦里逢。

园景
枫花簌簌衣纱落,万蕊迎风舞丽华。
正是应时风景好,悠悠篱下共香茶。

秋实
橙橙小果缀枝稠,带露含烟待我收。
老父留香儿拾遗,至今身影望盈眸。

雪
不耐清规驾朔风,白衣仙子下凡中。
轻盈身段旋霓舞,大地称臣柏树躬。

朱九如

雪景
六出直飞穿暮霭,素装天地净苍穹。
老枝不拂殷勤意,怒绽千花伴寂空。

雪场景
蛟龙飞降自长空,玉树琼妆列队躬。
向晚儿童趋步急,乘风欲上闯天宫。

《题麋鹿照》次韵紫云
苇绿芦黄景色新,银衾铺径洁无尘。
神安态定轻移步,小鹿悠然探远亲。

年初遇雪
昨夜千枝落玉花,千回百转自天涯。
流光逝水难留住,轻掬今朝煮好茶。

雪后有客访
风卷铅云雪欲狂,山川一夜白茫茫。
平明万户庭门闭,喜有鞋痕现寂廊。

观雪雁
碧水晴光涤目开,万千白羽簇银台。
忽如尺素凌空舞,疑是家书域外来。

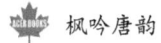

和韵乐先生《题山屋沙禽图》

水静林幽众鸟飞,兰舟闲桨傍阶矶。
忽闻击节声声脆,茅舍山人酒意微。

代芍药雪原红答谢众姊妹好咏

本是寻常几朵花,清词丽句众人夸。
庭园芳色青红紫,来岁缤纷到我家?

咏黄荷

碧叶清圆郁郁葱,娇黄擎举向苍穹。
素心非是堪虚梦,汲取幽香伴夏风。

咏榴花

春容渐退夏容迎,但见榴花一笑惊。
红碎团团连碧叶,入诗成画共峥嵘。

梦梅

窗外琼瑶舞夜空,偶闻簌簌落枝丛。
梅花故里蒙城雪,梦里山河别样红。

ANGRIGNON 公园寻觅睡莲

浮萍千片花三只,不解何人种碧池。
为探红莲娇睡态,裙飞晨露恐来迟。

朱九如

中秋吟
别样嫦娥舞霓裳,漫舒长袖掩秋光。
月怜圆缺常留憾,暗遣吴刚洒桂香。

岁末感怀
冬至梨花缀护栏,今晨雨雾漫山峦。
苍天庚子多多变,雅舍清词慰我安。

重阳佳节有赋
绕篱寻菊为重阳,研墨铺笺还凑章。
窗外空余残叶影,诗中蕴藉旧花香。
几声雀闹难描记,一缕辉光直刻藏。
自喻嘈杂休入耳,留他镜里也纯黄。

鼠年絮语
土猪离去旧年匆,金鼠齐来报岁丰。
故国忽遭新毒虐,吾身横染病流冲。
成城合力保家志,自律仁心待物同。
莫教瘟神狂几度,同行壮士送君终。

清明夜听雨
幽梦惊醒难再眠,倚窗愁绪万千缠。
风吹柏树波声起,雨打琉璃瑟乐旋。
还忆娘亲添暖被,尤怀老父送毛毡。
双亲今夜同听雨,清水东流入大川。

怀沙次韵

楚地无风重起号,汨罗江水卷波滔。
怀沙明志清明镜,力笔成文警示刀。
百舸飞天驰疾问,普天幽韵诵离骚。
哀思每岁添新尺,端午携朋敬汝醪。

咏蝉和韵

高枝仍立破歌喉,渐进寒凉足下收。
秋色千般添锦绣,夏花万朵缀枝稠。
潇潇夜雨催人醒,飒飒西风送梦休。
经暑经寒三两月,我生全尽亦风流。

至圣孔夫子

三十艺成私学始,李桃无数世间名。
有教无类恭平等,施教因才各有荣。
编整六经弘礼义,著文论语传仁行。
沉沉长夜今不在,感念先师日月明。

观《孔子》电影

诸侯争霸起硝烟,涂炭生灵不恤怜。
乐坏推人心向恶,礼崩乱世气违天。
杏坛勤勉施蒙教,列国奔波讲德篇。
大学春秋论语作,文章留世永相传。

朱九如

【丽璧轩随笔】千期庆

丽璧轩间勤酝酿，墨毫挥就着千篇。
人间悲喜书成册，世物荣衰结为笺。
隽永杂文针事弊，温馨游记忆情缘。
时光如水东流去，喜有文章代代传。

诗坛（贺诗坛 800 期）

秋枫五彩映霞烟，艳丽繁花竞斗妍，
腹有书香飘万里，心萦词韵谱千篇。
发枝古树擎天宇，吐翠新芽遍地连，
墨老峥嵘身手显，紫云引我结诗缘。

清明感怀

春晓阴寒冷似冬，风吹雨雪两相从。
水帘细细连悲淙，玉蝶翩翩寄念秾。
莽莽苍霄腾紫气，悠悠云彩逐屏踪。
常怜无法生双翼，儿盼娘亲梦里逢。

夏夜吟

小坐前庭读夜卷，枝摇厚影落花裳。
蝉儿停噪因清露，蟋蟀开喉为乐章。
密密珠帘邀月影，空空书室待星光。
萤虫随性逍遥舞，不惧车胤纳袋囊。

咏秋

晴空碧宇缀云裳,远眺群山绛绿黄。
和煦正阳传暖意,婆娑树影话清凉。
金风飒飒扶枫起,湖水莹莹映雁翔。
不负一年秋色至,寒山蹊径自癫狂。

簪菊

当开正值百花殇,吐蕊朱蠃现丽芳。
粲粲黄丛围故舍,盈盈玉带立风霜。
着花对镜撩云鬓,颔首当窗嗅馥香。
不学长安公子杜,菊枝须插满头妆。

纪念八一建军节

慢展红旗卷大风,英姿飒爽立场中。
接天号角连声起,卧地雄狮越野冲。
碧海丹心疆土守,蛟龙神器匠魂攻。
和平不是轻松至,我辈常需反自躬。

夏凉

庭前小苑缀玲珑。花露晶莹难觅同。
彩色绣球明眼底,素香茉莉沁心中。
日光注定连秋色,珠玉奈何失短蓬。
但得余生清似水,俗身无问在西东。

 朱九如

练太极拳

安神静气意涵空，小我溶于宇宙中。
双手云生浮翠柳，单肢鹤立沐春风。
丝缠绵掌如柔水，跟固盈身似雪鸿。
一揽人间天地事，勤修太极悟苍穹。

七夕

一年兰夜如期至，寂落银河放熠光。
织女梳妆天香溢，牛郎翘首岸边望。
金簪无义划天堑，喜鹊含情架桥忙。
汉女登台诚乞巧，穿针引线织华幛。

边城四月

最妙边城四月天，骄阳细雨乱弹弦。
闲云雪雁舒悠意，碧柳新红醉淑笺。
应景溶情寻锦句，围炉写意聚诗篇。
芊芊巧笔描苍宇，月色幽幽伴我眠。

【山花子】蕙坠荷残思故人

蕙坠兰残绿渐消，秋风玉露任花凋。无奈寒凉倏然到，怎逍遥。

独倚幽窗难入寐，诗书相伴至终宵。睹物思人心自扰，好煎熬。

【点绛唇】春来知更鸟
户外寒枝,知更上下翻飞早。碎云飘渺,一簇橙红俏。
丰羽明眸,高处临风眺。声声叫,唤东君好,溶雪消春到。

【西江月】庚子元夕望乡
雾锁龟蛇深重,风吹江汉凄泠。花灯去岁尽争荣,犹记上元胜景。
遥盼故人康复,恳祈旧瑞安宁。婵娟此刻最澄清,万里尘埃洗净。

【浣溪沙】和韵咏茉莉
又有新枝蔓几重,窗边小树愈葱茏。清光翠色映双瞳。
几处白莹珠点绿,一身淡雅馥随风。诗心摇曳入花丛。

【天仙子】咏振虎老师令箭荷花
烈烈云霞天际坠,峦脉葱郁长峰翠。
桂英昔日破天门,催下骥,燕绫利,血染罗裙番将祭。

【小重山】夏思
暮色笼烟夕照垂。丁香尤自舞、绕青丝。奈何流水落花时。
两离别、风起卷横枝。
孤鹜正翻飞。月明筛树影、映藩篱。故乡红豆伴星移。隔千里、思念盼归期。

 朱九如

【暗香】紫丁香步韵宋兰
北窗染碧。正几重灌木,葱茏浓密。细叶盈珠,雨打新枝紫花泣。急骤初停霁色,晴空远、难倾思忆。蹒跚步、泥泞长途,求学苦寻觅。
无瑟。空寂寂。缕缕幽芳来,安神消疫。四周静谧。心绪悠然起词笔。常念娘亲贤智,积广善、不留尘迹。又阵阵、香馥涌,漫洇陋室。
(注:骤雨中似乎看到瘸腿的母亲在泥泞小路上往家赶的情景,为了能够上学,她什么样的苦都吃下了。她留香后人,走了依旧有很多人想着她念着她。)

【菩萨蛮】兰舟发 (写给孟晚舟)
西风朔朔铅云坠,大洋声涌冰高垒。长夜锁清身,乡茶安气神。
晨明天际阔,帆满兰舟发。何惧浪排空,东君当御风。

【如梦令】女人花
花意幽幽空守,切切暮朝等候。香馥满枝头,心痛无人低首。知否。知否。缘分如风来走。

【临江仙】观墨轩子禅画视频有感
笔落清笺开意象,云烟轻漫重山。小舟逐水大江间。泰然垂钓者,得享一时闲。
蘸红着绿随意点,长藤秋果高悬。横图展卷绘桃源。玲珑博弈后,言笑悟空禅。

【唐多令】一杯饮

桂树影婆娑，月圆又几何？霓为裳、飞会嫦娥。捧酒吴刚邀共饮，清辉处、赏层嵯。

五岳现巍峨，长江一路歌。指弹间、天地新多。得意人生须进酒，一杯饮、敬山河。

【清平乐】雨后

昨夜雨骤，幽梦不留宿。庭苑繁枝消锦绣，应是花凋叶厚。

池碧轻洗浮英，流水总是无情。邻院迎风娇媚，过篱静待天晴。

【画堂春】"星光耀蒙城"有感

银河夺目众繁星。今宵齐聚蒙城。艺科商政荟精英。才俊年青。

各有千秋故事，风华未负前程。镌留华裔异乡情。岁月峥嵘。

【行香子】再见大学同窗

寂寂雕栏，默默秋山。待君来、长夜难眠。唤韶华事，常念情缘。忆同研修，共晨练，比登攀。

环川旧水，新藩绿蔓。踏浓荫、齐步翩翩。变迁几许，不改容颜。似亭前花，岸边柳，水中莲。

【平湖乐】正逢秋

红橙圆满又逢秋。遥望层山秀。澄碧云来起波皱，动心舟。心安还要家乡酒。举杯邀月，吟歌唤影，不觉到神州。

 朱九如

【画堂春】也要偷闲

和风丽日暖人间。新芽绿染庐轩。远看青色柳生烟。春在山川。

枝上黄莺声脆,知更低树鸣欢。鸟声不断碎流年。也要偷闲。

【千秋岁】2019新岁与友共勉

绿萝角吊。新岁几枝俏。友相聚,亲环绕。围炉聊旧岁,杯盏呈欢笑。分别处,阑珊灯火星空耀。

往事当回眺。最是青春妙。昔朋辈,谁言少?鬓边华发起,镜里身不孀。心尤盛,相邀携手苍天啸。

【减字木兰花】同是辛丑 (有感安克雷奇中美对话)

曾经辛丑。往事不堪回望首。万里硝烟,华夏家家尽失欢。

百年往矣。求索牺牲多壮士,天地新颜。无惧强权谱史篇。

【卜算子】春意

遗雪亦悠然,恋恋西窗驻。日照琼枝褪素妆,舒袖娉婷步。

雀鸟暖云间,画栋珠帘雨。谁见飘花独自闲?约好东君舞 。

【清平乐】思母(拈记字韵)

幽思暗记。笺纸无凭寄。琼树盈盈飞泪坠。难却绵绵疚愧。

云梦犹在他乡。慈母安坐厅堂。咫尺忽成天际,醒来冷月清霜。

【采桑子】两处春
故乡春染山河醉,绿漫河堤。红坠桃妃。烟雨含香弹幔帷。
枫林昨夜新来雪,白上藤篱。银盖山陂。老树横枝露翠微。

【采桑子】(添字)秋思
高堂曾种菊花黄,今染长廊。今染长廊,冷傲寒霜,丝缕俱清香。
常求梦里能相见,泪洒衣裳。泪洒衣裳。思绪伤人,不语断愁肠。

【捣练子令】静夜
星汉缈,月华溶。断续虫鸣和晚风。
疏影漫描山水画,暗香浮动自花丛。

【长相思】(白居易体)思荷
莲儿嬉。叶儿嬉。嬉戏相随扰夏池。思归不得归。
望依依。念依依。念到浓时清泪飞。梦乡不入帏。

【画堂春】紫丁香
紫霞团簇缀前廊,小花留我徜徉。过风无意乱容妆,摇曳霓裳。
月下闲看清影,凭阑漫理枝行。夜深无语意难央,心蕴流香。

【春光好】贺"诗坛三庆"
吟词赋,弄笙箫。雅音飘。才子佳人兴致高。共今朝 。
文友诗坛竞雅,芸香姊妹争娇。玉盏琼浆邀李杜,醉良宵。

朱九如

【两同心】（黄庭坚体）好合
少俊英姿。潇洒岿巍。朗朗若、中秋圆月，温温似、和煦阳晖。尊慈母，臂挽佳人，琴瑟诗词。
远山如黛双眉。波转春池。凤髻挽、朱唇明齿，藏内秀、难掩风姿。从今起，唯愿新人，比翼双飞。

【鹧鸪天】秋去冬来
霜打残枝落叶空，依稀冷月照青松。风吹平地起寒意，云断河流无雁踪。
秋渐远，日趋匆。轮回四季不相同，宜收黄蕊琉璃内，来岁方能与雪逢！

【一翦梅】赏荷
碧叶田田掩静幽。清浅涟漪，菡萏含羞。粉荷相倚笑嫣然，动也轻柔，静也轻柔。
临水观花心已惆。怀里浮香，堪与谁酬。此生静植与君同，来也风流，　去也风流。

【一翦梅】瑞狗报春
踏雪金鸡送旧年，来亦翩翩，去亦跹跹。寻梅瑞狗报春妍，汪韵声传，好运开篇。
远景新声已至前，守岁无眠，祈福平安。锦书遥寄盼团圆，写也悠然，待也悠然。

【谒金门】赏枫
轻盈步。姊妹登山如舞。多彩枫林仙境处。流连长久伫 。
浸染华层蔽户。知尔久经霜露。未上高台吟旧句。已把新词赋 。

【春从天上来】迎新年
水碧天晴。正煦日悬空,暖意盈盈。小雀争跃,机巧轻灵。时有宛转鸣声。眺平川层木,顶银冠、熠熠晶莹。听涛声,似三千铁骑,百万雄兵。
凭栏念庚子难,叹百姓盲从,枉送今生。毒疫横行,妄言迷乱,兀自混扰民听。感东君临界,除尘垢、还世清澄。荡心旌,见瑞光流溢,祥气蒸蒸。

【山花子】初秋雨后
蕙坠兰残绿渐消,秋风玉露任花凋。无奈寒凉倏然到,怎逍遥。
独倚幽窗难入寐,诗书相伴至终宵。睹物思人心自扰,好煎熬。

【减字木兰花】芸香诗社小聚
欢颜笑语。雅舍温馨不计雨。馐酒珍酬。鲜饺浓香新酿稠。
朱唇桃面,起唱乡音心下愿。暂住时光,心路迢迢意未央。

朱九如

【玉蝴蝶】元日游植物园温室
闲枝悬挂长缨。蕉叶露峥嵘。小蕊绿丛腾。花开万种情。纷争随逝水,和解伴新程。当取卉心平。众生迎岁增。

【行香子】(苏轼体)冬趣
树裹银妆,冰溢小塘。卷纱帘、心绪彷徨。暮云低矮,原野苍茫。叹疏枝枯,人踪灭,淡斜阳。
街亭信步,行至林旁。见孩童、情兴高昂。戏玩淋畅,挥臂翱翔。正飞雪舞,疾风劲,笑声扬。

【浣溪沙】岁末
火树银花映夜天,圣歌仙曲云中传,九霄大地舞翩跹。
清酒小酌邀远祖,香茶同品忆前缘。人间最美是安然。

【风光好】(欧良体)感怀
月轮悬。小虫喧。风送花香漫锦园。不悠然。
痴情不改常萦梦。艰难重。无问前程砥砺前。现晴天。

【南歌子】(张泌体)微醉
别去音书少,相逢话语长。
菜肴热罢又添凉。倾饮数杯微醉,品醇香。

郑林芳诗词选集

郑林芳，格律诗词曾发表在《加华月刊》《山东诗歌》《华侨新报》《七天报》，2019年《当代诗歌地理》上、下，2020年《当代诗歌地理》上、下，《今日头条》等报刊杂志媒体上，并于《魁北克中华诗词研究会》网站集成《郑林芳诗词集》。诗观：情动于衷，意悠境雅。

九月吟

时开秋序,风爽气佳。澄澄空澈,冉冉物华。
草坪犹绿,篱菊始花。郊园累果,野圃堆瓜。
邻枝小雀,摇树叽喳。天边雁鹜,共影飞霞。
但思世事,几度嗟呀。水汹火虐,疫治难夸。
危邦恐袭,黎庶亡家。前途多舛,料遇妖邪。
唯怀悲悯,相助天涯。待看枫岭,山色逾佳。

十二月吟

秋云渐散,冬阴漫漫。众芳摇落,西风吹残。
鹅雪忽至,细雨又繁。银装素裹,覆野披峦。
物候依旧,人间万般。欲吟秀句,却成长叹。
遥闻天际,雁阵鸣寒。梅萼应绽,故园那端。

随感

天末垂云暗,寒林踏雪深。
忽闻啼唤急,雁过动归心。

题图雪枝栖雀

初春雪絮多,洒洒落枝柯。
寒树已栖惯,今能奈我何?

咏琼花

玄枝碧叶镶,玉蕊蕴芬芳。
淡雅清新质,由来素色妆。

秋吟（一）
细雨润山色，秋阳点彩岑。
西风弄笔处，淡墨写烟林。

秋吟（二）
昨望半山绿，今瞻一片金。
西风劲过处，还看傲霜林。

儿女参与劳作有感
狂风欲断腰，日晒叶将焦。
自古参天木，无缘温室苗。

题图 雪鸮二首
一
旋项看宽广，锐睛望准精。
天高知翼韧，不惧与风争。
二
辗转承天命，年年赴远征。
翅端风万里，冰雪岁峥嵘。

三月雪
春近气微湿，鹅绒翦雪奇。
重重堆苑景，嬉赏总相宜。

题图

白腰朱顶雀，独立老枯杨。
一别荫荫木，为将作远翔。

观园雪二首

（一）

一夜鹅毛雪，园装敦且柔。
欲前相抚触，但恐损新裘。

（二）

桠上堆蓬雪，白棉疑绽迟。
风来轻籁落，喜看玉梅枝。

宵禁日有感

雪深林静幽，漫现兽痕留。
禁闭人应叹，野生更自由。

题图

绿柳尚新裁，红桃花正开。
节时今恰好，双燕雨中来。

偶遇早春花开

照眼一丛芳，新裁美绣裳。
为君长驻目，冉冉共春光。

题乐老师海棠艳绽图
妆颜霞色抹，裙袂绿绸裁。
为报频怜顾，浓情长盛开。

木槿花开
窗外绒毛雪，厅中木槿花。
心期无杂事，静好度年华。

秋吟一
重云隔远岑，暮色雨中深。
唯有道旁树，依依慰客心。

秋吟二
叶落见疏林，冬河更少音。
忽然凫雁起，天际短歌吟。

春望
云散现晴晖，漫漫抚翠微。
东风扬远翅，鸣雁报春归。

春生
风和双鸭飞，流缓对鹅肥。
可待三春后，群雏恋母围。

郑林芳

清明一
天若抱同情，响雷闻恸声。
潇潇兼苦雨，共我泣清明。

清明二
心有伤弦弄，盼亲来入梦。
梦堪回尔身，暂解断肠痛。

清明三
欲问真和幻，庄生蝴蝶疑。
亲慈还入梦，岂是未分离？

别语自征鸿
天晚月朦胧，躬身园作中。
鸣声传阵阵，别语自征鸿。

观禅画视频有感
时而皴染重，偶复点描轻。
水墨经行处，禅心道法明。

题乐老师江舟彩岭图
秋岭树如烧，江舟楫止摇。
怎堪言寂寞，放眼尽妖娆。

咏冬莓
秋果似红豆，教吟红豆诗。
天涯终两忘，应是已相知。

早春三首

一

细流冰下潺,薄霭笼遥山。
天际谁欢唱,征鸿万里还。

二

风暖雪无多,欣看芽出柯。
更愉枝上雀,恰恰对春歌。

三

一岁计春初,理园勤把锄。
路人虽不识,相问笑颜舒。

亲友新年来电

相对谈欢久,隔屏看笑颜。
语迟唯一问,何日返乡关?

元巳感事

暖寒来去乱,似示不安年。
野泽封冰雪,遥邦急战弦。
几时江海晏,何日百花妍。
方可邀春暮,舞雩沂水边?

冬思

天地似无情,冬来风雪横。
葱茏馥郁尽,寥落冷寒生。
野旷目穷远,枝疏户更明。
何如随道法?荣败不心惊。

郑林芳

秋心
萧萧黄叶落，芳草绿杨休。
魂梦飞南浦，相思到鹭洲。
清江穿望目，岁迹染霜头。
去雁书人字，却成心上秋。

入秋众生图
西风敲冷窗，不见燕成双。
野兔出深草，闲人钓浅江。
虫鸣趋缓调，鸦唤渐哀腔。
勤作小蝼蚁，却将秋黍扛。

夏日游郊湖
轻雷疏雨后，好景旷心扉。
水阔凌波滟，岑遥黛影微。
声声童稚笑，点点白鸥飞。
疑至舞雩境，临风可咏归。

中秋
清辉浮静水，风过一池粼。
花湿如沾泪，空澄若洗尘。
新诗酬皎月，老酒慰思人。
方悟欣然事，惟长伴尔身。

枫色叹

雨过看枫色，鲜颜实可人。
酡如花靥醉，翠比柳杨新。
意态何丰沛，瑰姿尽绝伦。
激情燃每岁，不厌总临亲。

秋末冬初感遇

红叶黄花落，教生宋玉悲。
晨窗寒雨沥，夜幕暗云垂。
盛席终将散，浮华不可追。
何如清且静，养息合无为。

望川

雪化没洲滩，风犹吹面寒。
潮浑春水淼，浪急野芦残。
父女缘今世，阴阳恸两端。
凭轩长久立，不觉泪阑干。

咏秋和韵陆蔚青

一

初秋风未定，吹面也无寒。
临水见矶石，登山望彩峦。
鸿声时过户，落叶偶停栏。
相对平常景，人心已觉安。

二

秋来开彩幕，叶赤树将燃。
绿草漫坡上，黄花簇院前。
蒹葭如白雪，人面似婵娟。
尘世多姿色，何须羡道仙。

步韵陆蔚青

寒潮今乍过，空碧澈无尘。
高日倾辉灿，清风遣气新。
凝冰留去水，啼鸟悦来人。
真意盈川野，堪怡寂寞身。

题乐老师江流舟影图

浮垒远天游，苍松看劲遒。
空中人字雁，水上钓渔舟。
放眼山连脉，潜心思汇流。
黄童牵白发，岁月几悠悠。

题乐老师渔樵山水画

渺水接云涯，山岩映晚霞。
舟桥能小渡，草舍尚宜家。
钩直太公钓，菊丛陶令花。
出尘还入世，自古总嗟呀。

郊野冬景

驰车郊野过,极目雪连天。
隐约白山影,飘浮黑水烟。
寒云无望处,树杪有堆棉。
应谢霜娥信,晨宵舞袖旋。

晴冬偶吟

雪霁晴光灿,空澄若洗新。
天高云鹬羽,野岸苇堆银。
树鸟啼声脆,园妆素色匀。
风来还觉冷,却是抖精神。

回家途中感怀

行车列列望无终,征雁排排过远空。
满目来来兼往往,世间谁不路途中!

喜雪

飘飘小雪无声至,征候逢时兆好年。
儿女门前嬉落絮,足痕遍印白棉毡。

雨中秋色(一)

潇潇秋雨洗空蒙,遍洒峰峦浥野枫。
难使园花增悦色,却能染得漫山红。

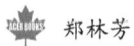郑林芳

雨中秋色（二）

细雨无声自远天，携来彩墨色犹鲜。
一朝恣意泼山野，新染秋林别样妍。

奇色花

藤上新开小野花，胭红淡紫染裙纱。
不知绮色来何处，疑是天青和粉霞。

七夕月

银汉茫茫水不流，河边弯月似兰舟。
情人何苦盼桥鹊，空使行船待渡头。

秋分二首

一

昼夜均分各半长，会悲物候转衰凉。
我言此际最晴好，气爽还携桂子香。

二

节时新换夜趋长，白昼犹堪沐暖阳。
应是天公情尚在，不教尘世早寒凉。

园景变化有感

半年冰雪半年花，五月青葱十月霞。
喜看四时风景异，应知造化顾人家。

和韵乐老师题画秋江扁舟
野岸秋来万木萧,空山音绝霭烟飘。
扁舟散发江中弄,自有清风拂寂寥。

过邻家花园
春红谢了夏花开,复有薰风拂面来。
暗叹园颜何悦目,邻家翁媪正培栽。

咏黄荷
翠池无际叶田田,遍种娇黄别样莲。
不比红蕖多妩媚,清容娴影亦婵娟。

题图见林野闲鹿起隐意
风餐露宿境虽艰,行止由心却等闲,
遥对眸中安适意,教人亦欲隐林间。

流风回雪
乱絮翻飞杂雾尘,茫茫惊煞对窗人。
流风忽见又回雪,可是飘飘过洛神?

素娥情(和韵新芝)
应解素娥爱意浓,殷勤撒絮万千重。
冬园喜得棉衾暖,还见琼妆白玉容。

郑林芳

题图(故园红梅开)
寒云几朵缀苍穹,奇画唯凭素写工。
却看故园春色好,红梅已在笑东风。

观花鸟图有感
淑气频将雀鸟催,青枝绿叶映红玫。
生机一片动人臆,但觉欣欣春已回。

观雪雁
野地苍穹一线开,寒滩遥望雪成堆。
倏然片片银笺舞,可是风携春信回?

春阳
春寒尽去软风斜,暖日融融催物华。
最是可人青草色,悄然漫染过邻家。

题图 江南水乡遥思
翠树环村石拱桥,叠山远棹澹烟飘。
一宵乡思扰人寐,梦里低吟云水谣。

题图 并和韵乐老师
褶山斜壁漫霞晖,齐向晚林鸥鸟飞。
一片水喧知棹近,茅亭谁复望人归?

题乐先生《春山晴岚》图
此生情任岭峦牵,越过一峰还一巅。
谢有红花燃黯路,勤攀更信可通天。

和韵乐先生《题仿唐寅山水画》
江天几度过飞鸿,翠柏高崖试凛风。
更有多情台榭柳,依依长伴对虚空。

雨后
沙沙急雨润春林,鸟雀欢啼和好音。
久旱小苗虽不语,却生新翠报甘霖。

和韵乐先生《题山屋沙禽图》
石矶阻水水围矶,徙鸟年年应季飞。
庐外江天原朗阔,人生自可乐随机。

咏芍药雪原红
春苑一隅疑雪飘,团团原是玉花娇。
羞红几点尤添媚,谁不心旌为尔摇?

端阳节有感
魂梦应曾绕九歌,端阳今至意如何?
长怀屈子情难寄,裹粽投诗赠汨罗。

 郑林芳

偶感 和韵吴哗
应知万物拥其美,视角常调看更明。
似是琴筝时转柱,弦和五十亦谐声。

咏振虎老师君子兰寒冬盛开
仙株兰贵立前堂,翡翠妆身泛玉光。
莫怨平时幽冷态,天寒最见热衷肠,

三月
窗外纷纷飞湿絮,须臾晓苑雪颜新。
枝头忽若梨花现,点点团团欲绽春。

海棠累果欣叹
盛春时节忆寻芳,只有稀花深叶藏。
今日惊逢秋果挂,盈盈一树胜红妆。

冬至慰语
声声慰语自家乡,也叹今将夜最长。
否极从来为泰始,此时莫再说心伤。

迎春花
早春二月偶飞霜,小叶未生花已香。
点点愉情难掩抑,盈盈阳气欲铺张。
欣荣有意漫人院,洒逸无心出径旁。
荏苒葳蕤任开遍,金腰带结展韶光。

忆春红

把剪精修乱刺丛，殷勤探看背常弓。
曾怜霜冷削枝细，亦喜暖阳照树丰。
花事隆隆应有尽，余情杳杳却无终。
庭前夏卉虽长艳，惟念春篱那抹红。

忆游长江三峡

朝天门外启征航，推浪逐波汽笛扬。
山矗夔门疑水尽，雾开神女映霞彰。
晨游马渡觉溪浅，夕过西陵叹濑长。
险急而今难再遇，平湖高坝鉴沧桑。

咏杜鹃花

已约东风相尽欢，年年拟把绣花攒。
瑰妍灼灼明春院，赤焰盈盈点翠峦。
但使热忱燃黯树，不持矜冷效幽兰。
天然赋得好颜色，无谓芳名冠牡丹。

北方腊月

腊月北方看肃萧，荒原漫漫玉山迢。
冰封百里河川失，气动千钧巨木摇。
雪上留踪唯野鹿，高崖渺影只银鸮。
风中偶杂炊烟味，隐隐心头暖意飘。

郑林芳

大寒
大寒今望雪茫茫,素裹银衾覆野乡。
冰冻已趋三尺厚,风来更恐透心凉。
常言冷极虫瘟灭,亦说雪深丰岁藏。
随意节时微有异,乾坤造化自循章。

赠母校恩师
始为育才开八荒,经风历雨百年长。
耕书但使知真义,籽志唯期作栋梁。
累累文窗怜晓月,清清劳影抚晨光。
青丝不悔成霜雪,只愿满园桃李香。

诗课和韵唐伟滨
世间文艺存多种,独爱诗词国学风。
虽把稻梁他域计,却教情志古时通。
酒香味酽因年久,章简意长缘句工。
更有美音闻格律,身耽不悔在其中。

中秋清歌慰友
迢递家山云海边,思情慰语遣谁传?
故乡明月悬深夜,客里高阳正午天。
但借银屏呈玉盏,也将微信代红笺。
澄光万里虽难共,一曲清歌笃意绵。

秋日感遇

莫嫌寒雨沥昏晨,且任西风过几轮。
邻苑草滋犹滴翠,枝头叶润欲还春。
应期岭上枫霞影,会见篱前霜菊身。
更有参杨枯朽落,清姿挺骨仰瞻频。

夏日急赴芸香诗友之会有感

营营碌碌俗尘间,偷得浮生半日闲。
巧手殷勤调玉馔,镜前精致理妆颜。
几番神逸连瑶会,一路车驰绕阻艰。
欲问匆匆何至此?情缘诗韵总相关。

和韵关伟

芳草天涯绿渐浓,海棠花杪已重重。
时望跳兔越双影,亦见知更觅偶踪。
北国春迟临五月,邻人意切换园容。
莫将和煦东风负,不辍耕耘期色丰。

【眼儿媚】初冬望川

行近冬川暂凭栏,风过带轻寒。疏林历历,烟芦簇簇,白石盈滩。
逍遥鸳鸭仍相逐,凫雁戏流湍。人眸凝处,倏然振翅,再漾微澜。

郑林芳

【菩萨蛮】岁末感怀

寒天又见飞冬雪,一年幻变将翻页。苒苒物华休,繁喧转静幽。

人生言失得,不可白非黑。谁晓逝东隅,桑榆弗获无?

【十六字令】风花雪月

一

风。抚遍春山草木葱。临秋水,万里送征鸿。

二

花。易老红颜实可嗟。君须折,莫待到天涯。

三

鹅毛雪,皑皑撒莽乡。如衾被,敦厚 蕴情长。

四

清秋月,阶前照影单。惊垂露,方觉夜微寒。

【行香子】车中漫思 (晁补之体)

淡月当空,烟隐遥岑。正斜阳照树摇金。道宜弛骋,思欲追寻。那莫愁湖,忘忧草,永芳林。

舍离难断,高低困说。此番情自古同今。几时方可,何日由心。得观闲云,弄兰棹,作清吟。

【点绛唇】题图春情

云水茫茫,翠烟欲上层峦去。笼堤罩渚,粉幕无重数。

剪燕双飞,伴我行舟路。长篙驻,随心漫溯,任向情深处。

【鹧鸪天】梦双亲
恍惚声声唤语柔，双亲迎立旧家楼。方才嬉乐心仍少，倏尔嗟悲鬓已秋。
星月淡，夜清幽。晓风惊梦剩离愁。起身忙把晨炊理，唯恐相思泪不休。

【南歌子】夜泳观星有感
夏夜风细细，花间点点荧。池波微响和虫鸣。游弋闲来欣见、满天星。
银汉何清静，人间可永宁？愿心悄发向穹冥。一缕辰辉掠过，似流莹。

【鹊桥仙】七夕
茫茫河汉，盈盈沧海，可是相思泪注？一宵鸳梦尽余欢，觉时又、鹊飞离苦。
夫妻年少，朋俦终老，然几人能守住？ 惟同富贵共贫寒，这情劫，算来方渡。

【临江仙】 忆黄山游 （苏轼体）
渺渺仙人遥指路，天梯直入云端。奇松缘壁似龙盘。晨莺鸣翠树，响瀑震幽峦。
更有朝阳升雾海，霞 晖漫染崖丹。莲花绝顶任凭栏。险奇皆眼底，五岳不须看。

郑林芳

【临江仙】（徐昌图体）题图 和韵罗红雨
千仞危屏雄矗，峰岩漫映斜晖。山川横断瀑烟飞。欲知幽客意，行近问松梅。
云起水流穷处，无评昨是今非。年年鸿去又南回。残阳眠嶂外，且伴彩霞归。

【卜算子】 庚子新年恶疫蔓传有感
云乱楚江天，漫漫飞何去？本是新春送暖晴，岂料生风雨。
隔户望园青，却把啼莺妒。恶疫相侵命似尘，但劝思因故。

【醉太平】 冬园思怀
林疏少音，园开雪深。偶然祥兽光临。便怡情悦心。
非谈古今。不忧朗阴。亦无愁恨须寻。只闲调素琴。
二零二零年十二月

【春从天上来】迎新年
新岁初临。望浩宇澄蓝，旭日铺金。雪卧平野，绿染松林。波际隐隐烟岑。又人家邻苑，户枢静，足迹难寻。偶然间，有枝头小雀，啭唱清音。
幽思易连过往，似自梦中回，余悸惊心。疫霭迷朦，战云频叠，焦虑曾积何深！幸人间情义，常化作、玉露甘霖。到如今，更盼东风过，春意盈侵。

【殢人娇】（晏殊体）文姬归汉遗恨
初试才情，焦尾折弦堪判。从此后、琴书开卷。兰心蕙质，怎料卿命舛。胡掳去，风沙故乡路远。
臣相惜怜，赎身归汉。最心碎，母儿分散。胡笳声起，引深深离怨。十八拍，拍拍催人肠断！

【小重山】春水
春水淙淙弄促弦。滩头丹鹤立、并禽眠。采来兰芷试香笺。凭谁寄？往事已成烟。
淑气满原川。悄然枯色褪、翠青延。明妍新景复年年。何须叹、花落梦难圆。

【六幺令】春宵
春宵人静，忽忆少年事。那年湖畔相遇，正柳烟堆翠。豆蔻梢头二月，人面夸娇媚。芳心沉醉。蓦然相视，莞尔羞颜照春水。
觅得闲愁无着，也暗中抛泪。花样年岁蹉跎，两地空憔悴。纵有千言万语，书信何凭兑？此情堪祭。红笺余烬，终似杨花远飘坠。

【采桑子】题图 幽苑玉兰
暗香疏影知何处，画角芳魂。玉盏清樽，翦翦娇花湿露痕。
高墙靛瓦纱窗闭，更掩重门。春日煜煜，枝上黄莺唱晓昏。

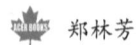 郑林芳

【南歌子】（张泌体）守我自由乡
雪阔滩流窄，天高树影长。
野凫冰上沐冬阳。寒极寂寥唯守，自由乡。

【如梦令】立春题山茶艳绽图
窗外雪停风渐。案上素瓶堪厌。欲折报春花，却叹梅疏红减。
莫念，莫念，园角一株正艳。

【喜迁莺】（韦庄体）题沙丘鹤图
初春冷，晚秋凉。历雪又经霜。越山逾水已寻常。南北亦原乡。
萧木清，平湖静。迢递伏峦淡影。一排振翅映天长。号鸣满夕阳。

【采桑子】晴光
晴光酥雨怜春苑，漫染枝头。亦解情由。绿叶红芽掩色羞。
篱边悄结丁香蕊，可待花稠。却惹闲愁。风里秋千兀自悠。

【玉蝴蝶】题乐老师春绽枝头摄影图片
东风酥雨频频，园色日鲜新。碧树叶芽匀，娇花意态嗔。
葳蕤当此际，明媚对良辰。唯欲满怀真，报争无限春。

【风光好】（欧良体）惜玫瑰
朵儿鲜，杪连娟。欣遇红香照影妍。魄魂牵。
娇花堪折终须折。情相悦。莫待春归恨境迁，叹无缘。

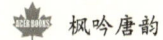枫吟唐韵

【渔歌子】（孙光宪体）蔷薇恋
自春来，寻度遍，玉容粉面何时见？朝整剪，暮修扶，细看芽苞新现。
萼结香，花染茜，一篱妩媚人痴眷。惊霎雨，叹凋颜，泪和红飞千片。

【定风波】（欧阳炯体）感怀
去岁今来历数宵，心舟无系乱飘摇。旧虑新愁如垒砌，难计，也持杯酒浅深浇。
但许苍天仍会老，诚祷，风停雨霁见虹桥。还信人间情永驻，堪渡，苦航原对岸迢迢。

【江城子】（苏轼体，双调）和韵罗晓军
云开雾散爱秋晴。小河清。栈桥横。芦草欣欣、流缓聚青萍。嘎嘎忽闻声远近，人字雁，正南征。
谁言驿动只春情？菊枝荣。也心倾。雀跃虫啼、造化蕴精灵。更有潺湲成籁响，如伴我，和歌行。

【定风波】（欧阳炯体}深秋郊野雨中驾行有感
地暗天昏道曲长，潇潇急雨打前窗。水幕帘垂遮望眼。心乱。踟蹰难定向何方。
行慎神凝兼自励。雨霁。林红草碧好晴光。阡陌野村均过矣。当是。风云幻变看寻常。

【平湖乐】思故人
桂华明月镜湖秋。风细清波皱。树下当年誓相守,伴霜头。如今试问人安否。也生星鬓?相知唯有,还梦白苹洲。

【平湖乐】一帧秋和韵罗红雨
远山雄峻近山柔。林海披金绣。雪岭巍巍碧云走。莽原秋。明颜亮色堪成就,风华一季。初观畅臆,再看已无愁。

【一七令】(白居易体)年
年。
旧历,新篇。
冬倏至,季旋迁。
征雁初徙,寒蛩已眠。
丰姿成素影, 荒野替青园。
所望渐应无相,所逢皆是因缘。
且将去日湮故纸,诚把来岁写红笺。

【汉宫春】(晁冲之体)梦觉雪夜有感
梦觉临窗,见翻飞雪絮,乱打琉璃。犹如倾天坠地,昏影迷离。园中冬树,瘦枝横、枯叶低垂。最怕是、寂寥失寐,更教心郁情悲。
检点开年世事,又瘟传疫散,行滞人羁。算来二载已过,境却难移。聊思此际,应似是、夜最深时。惟愿得、黎明雪霁,曙光瑰丽如期。

【卜算子】雪暴日感怀
平地忽旋风,上下翻纤絮。谁料春来雪更频,尽落茫茫处。
愁眼向家山,怀忆多空付。朔气时过作唳声,又遣萧萧句!

【醉太平】(刘过)和韵关伟
蔷薇翠蓊。铃兰郁葱。篱边槛外丛丛。叹红香未逢。
风轻露浓。情柔意慵。怎堪时日匆匆。负朱颜玉容。

【浣溪沙】春芍迟绽有感 (和新云)
桃褪杏销花渐休。三春将尽又添愁。心思迟至是何由?
晚雨欲来风满袖,翠华摇曳暗香幽。一枝已带半娇羞。

【长相思】(白居易体) 忆荷
波依稀,影依稀。凝露红香出碧池。曾教望眼痴。
语迟迟,行迟迟。二八芳心谁可知。对花临水时。

【天仙子】(张先体)秋雨后芙蓉新开和韵
桃李春风真一梦。浓翠夏阴时易纵。昨番暮雨尽疏狂,敲窗重。枝柯动。黄叶还将萧瑟弄。
却是朝来清气送。一朵芳心迎面捧。罗裙新展媚娇容,情暗涌。相思种。不复问秋谁与共。

【谒金门】邀友拟登山赏枫
拟拾步。俦侣相邀同赴。胜景一年能几许。且把时节数。
绮色遍侵山树。待到重阳寒露。莫上层楼吟旧句。留诗枫红处。

郑林芳

【减字木兰花】丹枫独立
丹枫独立。秋雨初晴风习习。坪翠坡斜,佳侣双双对晚霞。
闲情欲寄。枝叶摇金红满地。撒落相思,拾取桃笺再写痴。

【临江仙】(贺铸体)赏神笔写意禅画
黛色晕开枯笔处,尘心飞越遥山。几丛墨散渚林间。小舟江上钓,风月看人闲。
夏叶春桃轻浅染,荣华过眼云烟。亦交知故并红颜。生时当尽绘。写意且随缘。

【风流子】(孙光宪体)落叶
枝老不堪梳裹,犹有情怀似火。凭蝶翅,向天涯,唯欲飞扬真我。
风过,飘堕。莫叹落红成坷。

【踏沙行】(晏殊体)和韵杨延颖
日丽风和,空澄野旷。秋河清浅波微漾。雁凫点点卧遥滩,时看白翅频开亮。
不觉鸿惊,惟余思畅。自由应是堪收放。堤头高树已萧疏,留冬小雀犹欢唱。

【诉衷情】(晏殊体)观追枫之旅视频有感
秋池漂叶雨敲喧。飞瀑落流湍。长河宛延九曲,驰驾觅枫丹。
林尽染,雾轻漫。惹情欢。眼中橙赤,心底美酿,人已酣然。

【霜天晓角】题阿里藏野驴图
跋山涉水。健足漫天地。冷月霜风应鉴,走蹄急、嘶声厉。
迢递。无限意。寥阔任行止。有厩暖棚圈逸,自由故、均可弃。

【浣溪沙】冰冻海棠果
苑木萧萧情黯伤。枝头却见绛珠镶。玲珑更比玥琚强。
莫叹茫茫无暖意,赤诚也会雪中藏。几分足可敌寒凉。

【婆罗门引】辞旧迎新
椰风拂暖,长滩沙白细如尘。几行浅足轻痕。暮岁闲来觅得,海岛乐天伦。恰波柔浪小,雪沫纷纷。
频频举樽。美醑尽,挚情存。试问今生此世,何幻何真?唯堪知晓,当下有、欢笑共亲人。期明日、万象更新。

【霜天晓角】雪后感 和韵宋兰
霜风吹絮。纷沓迷前路。一晌昏天暗地,渺渺影、唯烟树。
雪住。霞万缕。妖娆春应妒。冷暖阴晴过了,细思忖、皆是渡。

【少年游】早春闲步和韵志健老师
朝阳杲杲气仍寒。满目素颜看。羽影倏过,啼声急脆,椋鸟闹枝间。
萧疏长寂难再忍,拾步遣虚闲。冰雪溶泻,坝潮轰耳,谁复怨嚣喧?

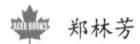 郑林芳

【南香子】观松花江冰排视频
万剑凌江。持兵欲使恶龙降。
暗转盘迴频布阵。旋瞬。但见寒光悬玉刃。

【画堂春】也数花期
东风终至雨如丝。郁金香出园畦。忆曾躬种去秋时。也数花期。
灿灿新呈笑靥,婷婷轻曳身姿。漫开绚色一支支。足慰春迟。

【醉太平】端午怀乡
金风细柔。荷香远幽。天边几片云浮。惹他乡客愁。
菖蒲剑遒。艾烟不休。年年拟竞龙舟。此情千古悠。

【行香子】夏游雕塑艺术酒庄
树茂林翁,蔓卷藤青。望畦垄一片欣荣。午阳正照,暑气初蒸。有闲牛卧,娇莲绽,野蛙鸣。
游观园艺,尝沽新酿,享天伦携女漫行。顿消耿耿,浑忘营营。对此番景,此番意、此番情。

【苍梧谣】秋
秋。骤雨初过绿更稠。朝晖漫,花靥爱晴柔。
秋。天碧云纤涧水悠。清波上,闲叟钓渔舟。
秋。莫叹春归夏瞬流。园田里,累累望丰收。
秋。彩染层林引俊游。丹枫叶,应有秀词留。

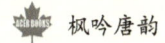

【西江月】咏中秋之花
一瞥鸿惊夕照,数枝目炫新妍。荣春盛夏未曾看。谁想秋来更灿。
翠珮琦光熠熠,朱颜玉态娟娟。芳心更展寂寥天。纵有落英半苑。

【南歌子 】(辛弃疾体)冬望
朔气衔寒雨,狂风携雪尘。时交节替乱纷纷。露结霜融,岸上草泥洇。
缥缈飞鸿影,踟蹰倦客身。野川踱步眺望频,霭霭烟林,暗暗笼冬云。

【醉太平】端午怀乡
金风细柔。荷香远幽。天边几片云浮。惹他乡客愁。
菖蒲剑遒。艾烟不休。年年拟竞龙舟。此情千古悠。

【减字木兰花】艰难辛丑
艰难辛丑,万物何堪为草狗!野火滔洪,天地狰狞似兽雄。
争生抗死,共济相援成壮史。痛定怀危,省思常盈祭酒杯。

完美的一天
——芸香雅舍农家乐夏日欢聚
陆蔚青

到农场去主要的原因，是赏荷。

我们是一个诗社，一个以写格律诗词结社的女子诗群。当然也有男嘉宾，志健飞龙瑞文。我们成立有 4 年多了。

农家乐的主人李先生，江湖人称种莲客，说荷花一直是自己最爱的花。他从 2006 年开始在农场实验栽培，经过五年的低温驯化，在 2012 年，终于可以在室外无补充热源顺利过冬。种莲客本来是中国北方农业专家，做为引进人才来到魁北克。农家乐是他的自留地，自家的后园子，园子不大，种类颇多。我们慢慢的一路观赏过去，第一直奔的当然是荷。在一个挂满爬藤的拱门进去，种着几畦荷，与原本想象的大不同。问过才知道，原本是有池塘的，但总有动物到那里去啃植物的根，没办法，如今只有这几畦荷了。

因为来得晚，大多是莲蓬，却也有荷花开。有一小畦里，居然开了三朵，硕大如碗，粉红色，亭亭玉立。荷下绿水，偶有小动，我弯腰看，原来有几只小蛙，一只坐在荷叶上，一只坐在泥水边，张着脚趾，一动不动。

是青蛙吗？好像不是。因为不是青的，是铁灰色的。小眼睛倒是鼓鼓的。我们一叫，它就跳到水里不见了。

因为有了农业执照，农家乐来自中国的种子还真不少。

沿着小园子，一路走走，有油绿的东北油豆角，青青红红的奶柿子，极细而长的细辣椒，还有苦瓜，葫芦，小园子的另一边，还有两垄白豆角。

每个人都准备了很多食物。有饺子烤虾，有小甜点西瓜，有肉夹馍，有武汉热干面，有卤牛腱麻辣鸡绿豆糕，最有意思的是，我们有排骨，用现摘的豆角西红柿放在一起煮，就成了东北乱炖。

一只大铁锅在农家乐的正中央支起来，露天厨房。每个人都挥舞着大铁铲去翻动一番。如果无需翻动，就比划几下，比划着立此存照。热热的雾气蒸腾起来，微笑和脸都罩在里面，浓浓的烟火气。炖熟了，用大盆装好，摆在桌上，盛在碗里，浓浓的汤汁，香，鲜，甜，各种滋味，慢慢在舌尖融化开。我以前炖豆角，只是排骨炖豆角。我们北方人夏季之最爱。就像电视连续剧，每天晚餐都是排骨炖豆角。

但这个不是。还放了西红柿，这让汤汁有了酸甜的味道。

如果加上辣椒就更好。吴晔说。我好几年没见到她了，还是2018年元旦，我们在画家周黎华家聚会。那次有古筝，有古琴，有古诗。回来大家唱和，很是热闹了几天，之后再没有见过。

吃是简单动作，只需咀嚼。然而吃又是如此复杂丰富，我们在吃中获得相亲相爱的满足。我们一边吃，一边品评，一边开着各种玩笑。绿豆汤和绿豆糕如此解暑，而热干面满含故乡情感，宋兰新芝和陈鹃立刻说起武汉家乡话。

龙井茶甜香醉人而口齿回甘。每一口都浸入心脾，我们聊人生中的各种改变，各种让我们愉快的事情。旁边桌上有人在唱生日歌，有人在过生日。新芝告诉我，她有了外孙女，是个漂亮的混血儿。虽然出生只有 40 多天，看起来就像几个月大。大眼睛，圆圆脸，像个大苹果。丽丽在疫情的三年里收获了四个孙辈。紫云的孙子已经比她还高了。我们将这话题与食物混合在一起，我们看到双亲的老去，也看到新一代的出生。还有的小伙伴在疫情中拿了第二个硕士学位，也有的小伙伴就要告别蒙特利尔，再进学校深造。有人要把现在的生意卖了干点别的，有人在计划退休中。坐在农家乐的大树荫里，我们品尝人生的各种滋味，也品尝人生的过往。

这是告别的季节，也是收获的季节。

李先生今年开始做碗莲。他说这种小巧的碗莲更容易打理，只需种在花盆中，下面是塘泥，然后是一层清水。有几个碗莲已经开花，小巧，不盈一握。我见清水下的塘泥，想起芙蓉出淤泥不染，也想起志健以前写过的诗，他对泥与荷花有一个辩证的看法，有诗为证：

《五律--白睡莲》

山乡隐碧池，莲睡罔人知。静静萍间雪，婷婷水上脂。淤泥诚未染，芳土总相持。移做盘中玉，花香复几时。

写格律诗词，最先要过平仄关，先要学会所谓不黏，合掌，对仗，三平等名词，还要讲究韵律美，节奏美，意境美。

每个小姐姐都要对着五七绝五七律，各种词牌，先烧烧脑。就是这二十个字，四十个字，各个字都要反复推敲。短调中调长调，每个调都要合辙押韵。

古诗词追求的是带着镣铐的舞蹈，局限中的自由。其他文体可以洋洋洒洒万余言，未必有二十个字的意境。那些古人留下的诗，让你唇齿留香，也让你意乱情迷。

所以古诗词从来不是过时的艺术。

饭后开始玩游戏。诗人们在一起玩游戏,自然与诗有关。七月我们在阿根纽公园聚会时,玩的是英汉双译,就是一句英语诗,大家猜是哪一句中文古诗词。比如,

In sky she would want to be joint-body birds with him
On ground she would want to be joint-branch trees together.

谁来猜猜是什么?

那次林芳获胜,成为诗魁,获得紫云奖品一件。这次诗魁成为主持人。林芳出题,用心良苦,一共50句诗,她说上一句,众人接下一句,即得一分。当然,也有她说下一句,大家猜上句,逆向思维。

下午阳光很猛,气温升高,体感37度。我们围坐在一起,听林芳说"月是故乡明"的上一句是什么,然后再猜"三山半落青天外"的下一句。

众人纷纷作答。有时一说即对,有时数人说才对。一苇做记录,林芳做裁判。说道苏东坡,林芳便兴奋,双臂微张,讲坡仙之诗词,是古往今来第一人。当然说到李白之豪放,孟浩然之问官,王维之禅意,杜甫之深厚。于是一首首好诗纷至沓来。

我喜欢这些小姐姐对古诗词之痴迷。如果不是这份爱,这份痴迷,在远离故乡,为稻食谋的生活里,你可以有任何爱好,爱金钱,爱华服,爱旅游,爱种花,爱这世界数不过来的事物,它们都又美又实用。但是你为什么被古诗词所感动?为什么因一句"人生不相见,动如参与商"而泫然泪下?为什么在每天工作之余,在夜深人静之际,还写下几个字或一行诗?

紫云写过一首词，写她与古诗词的邂逅，名曰《高阳台-浮云奇遇记》：

家住蓬莱，心从域外，等闲出岫逍遥。信驽微风，也曾嬉戏鹰雕。长空之下多朋羽，共徘徊，自享迢迢。这时光、迷彩旋旋，裙袂飘飘。

忽闻琴瑟如流水，奏凌凌清调，直上重霄。玉腕霞衣，何来一众新娇？梅兰竹菊皆君子，度宫商，吟律滔滔。诧凝眸、此乃鸿儒，此乃风骚。

林芳的手机响起来，她一边接电话，一边在纸上记录。有客人来预定房间，他的名字，电话，预定的日期。林芳一边与他用法语交谈，一边飞快的记下那些信息。写在古诗词的那几张纸上，一张纸的正反两面。

这次的诗魁是吴晔，榜眼是志健，他们只有 0.3 分之差。林芳的奖品是一个木质镜框，里面的文字是 Home, Sweet Home。还有一只小鸟，小鸟上刻着法语，je suis avec toi。我和你在一起。林芳解释说芸香就是我们的家，而我和你在一起，就是我和你们在一起，我们和你在一起。

这样的爱很广阔。我们和你们在一起。

我们站在八月的草地上，八月的下午是最美的下午。它是我们生命中最温暖的季节。

附1、【芸香诗社】部分聚会摘要：

2017年夏季，芸香诸诗友相聚于西郊某保龄球馆，得王薇的记叙文"芸香初见——六月"，有记：大家都有着一颗为着诗词纯而雅的心，勤勤学习，眷眷文字，借芸香之香，表述着凡尘里的心怀。

2018年元日雅聚於画家周黎华老师的中国画馆，并有音乐才子古琴苏老师和嘉树的琴萧合奏。雅乐雅画与诗词的碰撞，雅集一蹴而成。

2018年（戊戌年）盛夏，芸香诗社雅聚于西郊水畔，赏景赋诗。得《行香子》唱和数首。

2018年九月戊戌之秋，芸香诗社雅聚于蒙城中文学校校长徐文晓女士之《拙存斋》，唐伟滨起韵，共录得七字排律28韵。得才女王薇"有一种诗情画意叫芸香"雅文，得徐文晓女士雅赋"戊戌之秋芸香诗社雅集"。

2018年九月戊戌秋末，与《七天》报社文学社合作，共聚花园餐厅，以秋之韵为题，亦歌亦咏。芸香诗社唐伟滨领题，借《红楼梦》中咏菊之韵唱和，供24首七律。

2019年元月二十七日（戊戌年十二月二十二日）到才女郑林芳府上小聚，由才子唐伟滨留下郑庄雅聚记。雅聚之盛，已汇集成诗，共得二十八韵。

2019年9月观电影《孔子》有聚有记，并留下诗词参赛观影约稿。

2020年，2021年，疫情使然，芸香诗社在荣丽玮主持下，数次线上公开课，并线上唱和，诗词集未曾间断。

2022（农历壬寅年）年春季雅聚Angrignon Park（安姑娘公园），荣丽玮策划第一届赛诗大会，聚餐赛诗，英译汉格律诗词抢答。由郑林芳夺冠。

2022（农历壬寅年）年秋季雅聚於荷塘之畔，聚餐赏荷赛诗，荣丽玮策划第二届赛事大会，中文答题。由吴晔夺冠。并由作家诗人陆蔚青留下"完美的一天——芸香雅舍农家乐夏日欢聚"美文，刊发於《华侨新报》，图文并茂。

2022年（农历辛丑年）秋，相聚于皇家山下吴晔温馨小屋，美酒佳肴，亦歌亦咏。再赴皇家山赏枫，留下诗词雅集。

2023年（农历癸卯年）秋，再赴吴晔温馨之家雅聚，再赴皇家山赏枫，再留下诗词雅集。

2023年（农历癸卯年）秋，雅聚於新云陋室，举办芸香诗社第三届诗词大赛，冠军得主为最年轻的才女李若竹夺得。再有美酒佳肴，继之亦歌亦咏。

曾经与加拿大某摄影社合作，为图片题诗题词。

曾有才女罗晓军为多次活动制成图诗并茂的美篇留存。

附2、【芸香诗社】参与国内外报刊杂志投稿摘要：

2019年参与了《山东诗歌》《当代诗歌地理》以及《齐鲁文学》等刊物的投稿活动，登稿作品累计如下：

《山东诗歌》古韵厅诗文游戏活动（1+5形式）组稿：收入《山东诗歌》六月刊2019年6月，被评为最佳组。同期收录了王薇的评论："诗词的心意"

《山东诗歌》古韵厅诗文游戏活动（1+5形式）组稿：（八月刊登）

【一剪梅】同词牌，六人一组。

《山东诗歌》九月诗刊：古韵厅全家福刊登了 14 位诗人的诗词作品。

《山东诗歌》同题"凉"，收录了：唐伟滨，荣丽玮，马新云，三位。

2020 年《山东诗歌》一人一首好诗，一月上刊 4 位诗人作品。

《当代诗歌地理》2019 年上卷，主题《域外风采》收入加拿大《芸香诗社》投稿专栏 14 位诗人的作品。

《当代诗歌地理》2019 年下卷，主题《域外风采》（加拿大芸香诗社）刊登了 16 位诗人的作品。

《当代诗歌地理》2020 年春之卷集稿，主题《域外风采》（加拿大芸香诗社）收入 14 位诗人的作品。

《当代诗歌地理》2022 年上卷发表 11 位作者的诗词作品。

2022 年《诗潭》（域外诗鸿）发表七位作者作品。

数次多位诗人的精品在《加华月刊》发表。

2022 年八月起，《华侨新报》每月发表芸香诗社的诗词集。

www.ingramcontent.com/pod-product-compliance
Lightning Source LLC
Chambersburg PA
CBHW060601080526
44585CB00013B/642